なぜ人は「説得」されるのか

説得の心理学

産業能率大学　兼任講師
MP人間科学研究所　代表
榎本博明

MP人間科学研究所
立花　薫

産業能率大学出版部

まえがき

ビジネスの世界では、あらゆる局面で説得力が問われます。

販路拡大のために飛び込み営業をするにも、取引先に新商品を売り込むにも、店頭で買い物客に商品の説明をするにも、プレゼンをして仕事を受注するにも、説得力がなければうまくいきません。

社内のやりとりでも説得力は大きな武器になります。説得力のある上司の指示なら部下も納得して従うでしょうが、説得力のない上司の言うことは部下も軽んじるはずです。自分の意見やアイデアが会議で通るかどうか、上位者に賛同してもらえるかどうかも、こちらの説得力しだいです。

このようにビジネスの成否は説得力によって決まるといっても過言ではありません。だからこそ、説得力をいかに高めるかが多くのビジネスパーソンにとっての最大の関心事なわけです。

そんなこともあって、説得力を身につけるためのコツを解説する本は無数に出ているのですが、成功した経営者やセールスマンが持論を展開したり、自分自身の経験談を語ったりするものがほとんどです。それらもたしかに参考にはなりますが、その人の個性があってのワザという感じがあります。別の人が真似てもうまくいくとは限りません。

そもそも自分の説得力が気になり、本書のようなものを手に取る人は、わりと不器用なところのある人のはずです。そのような人が、やり手セールスマンや突出した経営者の説得の手法を真似しようとしても、ぎこちなくなってしまうでしょう。

そのような人こそ、説得の心理学の知見を参考にすべきなのではないでしょうか。心理学は、だれにも当てはまる心理法則を解明する学問です。そこで発見された説得のコツは、だれに対しても効力があるばかりでなく、だれが使っても効力があるはずです。

そのような心理法則を知ってからこれまでのビジネスシーンを思い返すと、取引先の担当者や社内外のライバルから、そうした心理法則を踏まえたワザをかけられていたことに気づくこともあるでしょう。私自身、説得の心理法則を学んだとき、本書で紹介したさまざまなワザをかけられていたことに気づいたものでした。

ビジネスの世界に心理学は必須だといった認識が広まり、心理学をもとにしたものであることをアピールするビジネス書もいろいろ出ていますが、読んでみると心理学の知見をまったく踏まえておらず、聞きかじった心理学の中途半端な知識を紹介したり、ただの思いつきや経験則を並べたりしたものも少なくありません。

そこで、しっかりとした科学的根拠に基づいて、説得力を身につけるためのコツを、具体的なビジネスシーンに関連づけて、わかりやすく紹介しようというのが本書の目的です。読者の方々のさまざまなビジネスシーンにおける説得力の向上に、少しでもお役に立てれば幸いです。

なお、本書は立花と榎本の共同作業が結実したものであり、第1章、第5章、第6

章は榎本が担当し、第2章から第4章、および章扉のイラストを立花が担当しました。
最後に、本書の刊行にあたって大変お世話になった産業能率大学出版部編集部坂本清隆氏に心からお礼を申し上げます。

2015年10月　　榎本博明

目次

第3章　説得の心理メカニズム

第4章 説得内容と提示方法……101

第6章　説得の技法～この心理技法を知っておけば交渉に負けない

第1章

説得とは

説得したいとき、説得されては困るとき

説得はビジネスにつきものです。

取引先に新商品を売り込むときには、その商品の魅力やそれをとり扱うことのメリットを説得力をもって説明する必要があります。納入価格を少し下げてほしいといった要求があったときには、こちらがぎりぎりの納入価格でやっているのだということがわかるように、説得力のある根拠を用意して価格交渉に臨まなければなりません。

コンペで受注を目指すときなどは、こちらの提案内容がいかに魅力的であるかをわかってもらえるように、なるほどと思わせるような論理の流れ、インパクトのあるデータや事例を用意して、説得力のあるプレゼンの準備をすることになります。

消費者の購買意欲を刺激して商品を売りたいときは、商品の魅力を端的に表すよう

な説得力のあるキャッチフレーズを考えたり、販促に関わる人たちが使える説得力ある売り込み方法を工夫したりする必要があります。

社内で企画やアイデアを通したいときは、上司を説得したり、会議のメンバーを説得したりする必要があります。

やる気のない部下が上司の言葉に心を動かされてやる気になったり、マンネリ化して停滞していた職場が経営者のスピーチをきっかけに、やる気に燃える集団に様変わりしたりするのも一種の説得効果といえます。

このようにビジネスのあらゆる場面で説得力が問われるため、誰もが説得力を身につけることに熱心なのです。仕事のできる人というのは説得力のある人だといってもよいくらいに、説得力はビジネスの成否の鍵を握っています。

一方で、説得力ある相手と交渉しなければならないときなどは、向こうの説得の術中にはまらないように注意する必要があります。

つい説得に乗ってしまい、不利な条件で契約してしまうとか、反論できないような説得力ある説明に圧倒されて、利が薄いのに断り切れなかった、などということも起こってきます。何でももっと慎重に対応できなかったのだろう、どうしてもっと冷静に判断できなかったのだろうと後悔しても後の祭です。

そのような場合に備えるためにも、説得にはどんな効果的な方法があるのかを知っておくことが大切です。さまざまな効果的な説得法を知っておくことで、相手を説得できるようになるばかりでなく、相手の説得術にも対抗できるようになります。

説得効果を規定する要因

では、説得というのは、どのような手順で行われるのでしょうか。具体的な説得の手法や説得のコツは第2章以下で詳細に解説することになるので、ここではまず説得の理論的枠組みを確認しておくことにしたいと思います。

図 1-1　説得効果を規定する４つの要因

(1) 送り手	信頼性、魅力度
(2) 内　容	効果的スキル
(3) メディア	視聴覚メディア
(4) 受け手	興味、価値観、知的水準

心理学者ホヴランドは、説得効果は４つの要因によって規定されるといいます（図１－１）。つまり、説得効果を高めたいと思うなら、このような要因を考慮する必要があるというわけです。

ここでは、ホヴランドが挙げる４つの要因について、ビジネス・コミュニケーションを想定した解説をしていきましょう。

(1) 送り手

交渉場面でまず意識するのは、この人は信用できる人かどうかということでしょう。

雰囲気的にいかがわしさを漂わせている相手の場合、警戒心が先に立って、まともに話を聞く気になれないはずです。そこからわかるのは、説得力を高めるための第一歩は、「送り手」としての自分自身の信頼性を高めることです。つまり、「この人は信用できそう」といった印象を与えられるようになることです。

縁日で綿菓子やリンゴ飴を買うかどうかなどは、ノリのよさや勢いで決めるものでしょうが、ビジネス上の交渉事となると、そういうわけにはいきません。もっと慎重に判断する必要があります。そこで重視されるのは相手の人物の信頼性です。

多くのビジネスパーソンが服装や身だしなみ、そして言葉遣いに気を遣うのも、信頼性を高めることを意識してのことであり、最初に与える印象が大事だということを知っているからです。初対面では人柄のような内面はまだわからないので、見た目や喋り方で人柄を推測することになります。

そして、いざ交渉が始まると、信頼性は相手の専門性という点から判断されることになります。そこで求められるのは、説得内容に関連する知識や情報をしっかり吸収しておくことです。「商品知識が乏しいな」「業界の動向について何も知らないんだな」などと思われたら、こちらの説得に乗ってくれるわけがありません。

ゆえに、説得力を高めるためには、日頃から専門知識や関連する情報、業界の動向、市場動向などに幅広くアンテナを張り巡らせておく必要があります。さらに説得相手となる取引先の業態や業績動向などについても可能な限り調べておくことも大事です。説得力のある人は、いつでも勉強熱心です。

送り手の信頼性に加えて、送り手の魅力も説得力に影響します。

「何だか感じのいい人だな」「また会って話したいな」と思ってもらえるようなら、こちらの提案や売り込みの話を聴いてもらえる確率が高まります。好印象を与える人の話すことは、抵抗なく心の中にスッと入るものです。好感度の高い人物の雰囲気に騙されて、うっかり必要のない物を買ってしまうということもありがちですが、それほど人物の要因は大きいということです。

そこで大切なのは、相手の話にじっと耳を傾け、気持ちよく話してもらうようにすることです。良い聴き手は、どんなときも好印象を与えるものです。

(2) 内容

説得すべき内容が「なるほど」と思えるものかどうかは最も重要な問題です。いくら好感度が高くても、ビジネスに関わる重大な案件では、雰囲気で決めるわけにはいきません。内容を慎重に検討しなければという姿勢で話を聴くことになります。

そこで、いかに説得力のある論理構成をするかが決め手となります。そのためのポイントは以下の通りです。

①結論を先に明示する

結局何を言いたいのかをはじめに明示してから、その理由を説明するという順番が

図 1-2　説得的コミュニケーションの内容のポイント

① 結論を先に明示する
② データや事例を示す
③ 単純明快な流れをつくる
④ 同調心理を刺激する

説得力につながります。相手は、どうしてそうなるのかと「理由の説明」に意識を集中して話を聴くことができます。

結論を後にすると、相手は話の流れがどっちに向かっているのかがわからないため、「いったい何を言いたいんだ」とイライラしてきます。

②データや事例を示す

説明を受けて、「なるほど、そうかもしれない」と思っても、「でも、本当にそうなのかな？」といった疑念が拭い切れないこともあります。

そんなときにデータを示されると、「ホントだ」と納得できます。エビデンスを重視する傾向が強まっているので、データを示すことができれば、それは説得の強力な武器になります。

事例を示すのも効果的です。「これを導入することでこんな効果があった」ということを具体的な事例で説明するなど、ストーリー性のある説明は具体的なイメージが湧きやすく説得力があります。

③単純明快な流れをつくる

説得力を高めるには、わかりやすく話すことが大切です。話があちこちに飛んだり、枝葉末節の細かな話になったり、話が元に戻ったりして、要するに何を言いたいのかがわからない人がいます。あれもこれも話したいと思うために話の焦点がぼやけてしまうのです。

言いたいことはいろいろあっても、思い切って切り捨てて、単純明快な話の流れをつくることによって、相手の頭の中にスッと入っていくようになります。

④同調心理を刺激する

何かを判断するとき、「これでいいのだろうか」と、誰でも多少なりとも不安になるものです。そんなときに気になるのは、「他の人はどうしてるんだろう」「他社はどのようにしてるんだろう」ということです。判断する明確な基準がないときには、他人や他社の動向を基準に判断するものです。

そこで、説得したい相手と似たような条件の個人や会社の例を引き合いに出して説明すると、説得力が増します。

これらについては、第４章でより具体的に解説することにしましょう。

（3）メディア

メッセージを伝えるメディアにも工夫の余地があります。言葉で伝えるだけでなく、パワーポイントを駆使して視覚にアピールすることで説得力を高めるというのは、よく使われる方法です。要点や話の流れを図解することで、こちらのメッセージを整理しながら聴いてもらえるので、わかりやすくなります。

映像を流すこともありますが、映像には理窟抜きに感覚にアピールしたり、感情を喚起するなど、説得を受け入れやすい心理状態に導く効果があります。たとえば、住居の快適さをアピールするなら、居住者が快適に過ごしている映像を流せば、言葉で説明するよりはるかに説得力があります。

（4）受け手

説得すべき相手がどのような人物であるかによって、説得の仕方を調整することも大事です。

たとえば、相手の価値観に合わせて説得法を工夫します。社会貢献に価値を置く相手なら、この企画や製品がいかに人々の生活向上に役立つかに力点を置いた説明を組み立てます。利潤追求に価値を置く相手なら、この企画や製品がいかに大きな利益を生む可能性を秘めているかに力点を置いた説明を組み立てます。相手の価値観を刺激することで説得力が高まります。

相手の趣味を踏まえておくことも大切です。雑談の中に相手の趣味についての話題を積極的に盛り込むことで、気持ちをほぐすことができれば、こちらの説得を受け入れやすい雰囲気が醸し出されます。

相手の理解力や知的好奇心に応じた説明を心がけることも大切です。

あまり理解力が高くなく、知的好奇心の乏しい相手に、提案についての詳しい説明をしたり、提案のメリットやデメリットについて理屈っぽいことを言ったりしても、「要するにどういうことなんだ」「難しいことはいいから、ひと言で言ってくれ」と苛つかせるばかりで逆効果です。その場合は、とくに提案のメリットに絞り、具体的で単純明快な説明を心がけます。

一方、理解力が高く、知的好奇心の旺盛な相手の場合は、あまり単純な説明をすると、疑わしく感じたり、押しつけがましく感じたりする可能性があります。その場合は、提案のメリットだけでなくデメリットにも触れるなど、多面的な情報提供を心がけます。これについては、一面提示、両面提示ということで第4章で詳しく解説します。

心理的抵抗をもたらす要因

説得を成功させるためには、相手の心理的抵抗を解除させることが必要です。

「うっかり乗せられてたまるか」といった強い警戒心をもって身構えている相手を説得するには、その警戒心を和らげる必要があります。「今さら新しいことをするのも面倒だし」と思っている相手を説得するには、惰性に流されがちな気持ちに火をつける必要があります。心理的抵抗を解除することなく、いくら戦略や商品の提案をしても、相手は適当に聞き流すだけで、なかなか聴く耳をもってもらえません。

そこで、こちらの説得力を高めるには、心理的抵抗を引き起こす要因についてきちんと知っておくことが必要です。どのような要因が障害になるかを知っておけば、そうした障害を取り除くための方法を工夫することができます。

心理学者ノールズたちは、説得に対する心理的抵抗を引き起こす要因として、次の

4つを挙げています。それぞれの要因について、ビジネス・コミュニケーションを想定した解説をしていきましょう。

(1)リアクタンス

リアクタンスとは、奪われた自由を取り戻そうとすることです。

第6章で心理的リアクタンス効果について詳しく説明しますが、リアクタンスとは抵抗という意味です。私たちは自由を求めるものであり、選択の自由が侵害されると心理的抵抗が生じ、侵害された自由を回復しようという心の動きが起こるとみなします。ないと言われると欲しくなるのも、選ぶ自由がなくなったことによるものといえます。

たとえば、家具とか服とかを買いに行って、AかBかで最後まで迷った末にAに決めたとします。現金で買うとポイントがつくというので、翌日お金をもって買いに行

図 1-3　説得への心理的抵抗の４つの要因

(1)	リアクタンス……	奪われた自由を取り戻そうとすること
(2)	不　　信……	警戒心が強く、相手の提案や説明を疑うこと
(3)	吟　　味……	相手の提案や説明を慎重に検討しようとすること
(3)	惰　　性……	面倒くさがって、なかなか現状を変えようとしないこと

くと、Ｂのほうが売り切れています。目的のＡはあるのだから、それを買えばよいわけですが、そうなるとなぜかＢが気になってきます。そして店員に、Ｂは品切れとなっているけれど注文すればすぐに入るのかなどと尋ねたりします。Ａを買うつもりになっていたはずなのに、Ｂが気になって仕方がない。これも、Ｂを選ぶ自由が奪われたために、Ｂを選ぶ自由を回復しようという心の動きが生じたものとみなすことができます。

この心理的リアクタンスを説得に当てはめると、相手を説得したいときには押しつけがましい言い方は避けるべきだということになります。

「絶対にこれがお勧めです」「御社の現状からして、これしかないと思います。ぜひこれを導入してください」などといった強引な説得をしようとすると、相手の中に心理的リアクタンスが生じがちです。

提案のメリットをわかりやすく説明してから、「よろしかったらどうぞ」という感じの控え目な言い方で相手の自由意思を尊重するほうが、強引さがなくて心理的リアクタンスが生じず、相手は受け入れやすくなります。

(2) 不信

不信とは、警戒心が強く、相手の提案や説明を疑うことです。

誠意があるかないかは何となく雰囲気で伝わるものです。自分の側の利益にしか関心がないようでは、相手の不信感を招き、こちらの提案や依頼に耳を傾けてもらうことはできません。そこで大切なのは、こちらの提案や依頼が相手方にとってどんなメリットがあるかを真剣に考え、きちんと整理しておくことです。

こちら側が本気で相手にメリットがあると信じていなければ、相手に信じてもらえるような迫力のある説得はできないでしょう。ビジネス上の交渉事に際しては、誰もが慎重になり、警戒心をもっているので、不信感を拭い去ることが必要です。口先だけで調子のいいことを言っているだけでは、相手の不信感を拭い去ることなどできません。

ゆえに、取引先との交渉に際しては、こちら側の利益と相手方の利益をどうしたら結びつけてウィンウィンの関係にすることができるかを、常に考え抜く姿勢が求められます。

（3）吟味

吟味とは、相手の提案や説明を慎重に検討しようとすることです。

ビジネス上の交渉事では、相手方の吟味に耐えられるような提案や依頼をしていかなければなりません。そのためには、こちら側の主張を裏づける根拠となるデータや事例を示すなど、用意周到な準備が必要です。

漠然と企画や商品のメリットを強調するのではなく、それがコスト削減、販路拡大、売り上げ増大など、相手方の事業にとってどのような形でメリットがあるかを具体的に伝えることができないと説得力はありません。

相手からの慎重な検討に耐えられるように、あり得る質問を思いつく限りたくさん挙げてみて、それぞれに対してどう答えるかを考えておくことも大切です。説得力のある資料を用意しておく必要もあります。

(4) 惰性

惰性とは、面倒くさがって、なかなか現状を変えようとしないことです。

惰性に流されるという言い方をするとネガティブなイメージがありますが、現状を変えるには相当のエネルギーがいります。このままではよくないとは思いつつなかなか動き出さないというのは、じつによくあることです。よほどのことがない限り現状維持に流されるものです。

ゆえに、こちらの提案を受け入れてもらうには、惰性に流されがちな相手の心を動かし、思い切って現状打破を試みてみようという気にさせる必要があります。そのためには、現状のままだとどんな問題が考えられるか、どのあたりに改善の余地があるか、改善がうまくいった場合にはどんなメリットが生じる可能性があるかなど、データや事例で根拠を示しつつ、具体的にイメージできるような説明をしていくことになります。

第2章

説得に影響する要素

説得には何が影響するのか

説得上手な人もいれば、説得がヘタな人もいます。すぐに説得されてしまう人もいれば、なかなか説得されない人もいます。できれば、説得上手になりたいし、説得を受ける側に立ってみれば、簡単に説得されて後から後悔したくないものです。

いったい、説得には、どのような要素が関わっているのでしょうか。

説得をする側がどのような人かということもあるでしょう。説得される側の価値観や物事の受けとめ方も大きな要素です。メッセージ内容やメッセージの伝え方にも大きく影響を受けます。そのほか、言葉以外の非言語的コミュニケーションも影響します。

説得がうまくなりたいと思う人にとって、誰が、どんな内容を、誰に、どのような方法で伝達したときに、相手の気持ちを動かし、望むように行動してもらえるのか。

それがいちばん知りたいことだと思います。

それでは、それぞれの要素について、詳しく見ていきましょう。

説得がうまい人の条件

(1) 説得上手な人ってどんな人?

説得が上手な人とは、どんな人でしょうか。

単に口がうまいだけの人を説得上手な人だと思っていないでしょうか。そう思う人には、ディベート術を真っ先に身につけるべきだと考えてしまう人もいますが、本当に饒舌な人が説得上手なのか、ちょっと考えてみましょう。

口のうまい人があなたを説得しようとする場面を想像してみてください。ぺらぺら自分の言いたいことを一方的に話す人のことを、「この人の話は信用できる。言う通りにしてみるか」と、すぐに説得される気になるでしょうか。話がうますぎて何か裏があるのではないか、調子のいいことを言ってるだけなんじゃないかと、不信感が芽生えてきたりするのではないでしょうか。このように、あまりに弁が立つ相手には、かえって警戒心を抱くことも多いものです。

説得には、説得する側のさまざまな要素が絡んでいます。自分がどのような要素を持っているかを正確に把握し、状況に応じた対応のとれる人が、説得上手になることができるのです。それには、まず、説得する側にどのような要素が関係するのかを学ぶ必要があります。

説得内容の送り手の要素には諸説ありますが、ケルマンの提唱した態度変容の３過程理論では、信憑性、魅力、統制力を挙げています。これをもとに解説していきましょう。

①信憑性……根拠を話せる人物は信用されやすい

説得内容が説得を受ける側にとって重要な場合、信憑性が説得効果を促進します。

信憑性には、「専門性」と「信頼性」があります。

「専門性」とは、説得者の話題に対する専門知識の高さのことです。専門的知識の高い人の話のほうが、低い人の話よりも信用される傾向があります。

たとえば、週刊誌の記者が、「最近日本の至るところで火山活動が活発になっている。近々大地震が来るだろうから、防災対策をしっかりする必要がある」と言ったとしましょう。たしかにその話には一理あるかもしれないが、地震の専門家が言ったことではないし、週刊誌は人目を惹く話題を提供しようとするものだから大げさなんだろうとタカをくくるのではないでしょうか。これが、大学の地震研究所の発表だとしたら、多くの人が大変な緊張感をもって説得に応じることになります。地震の研究をしている専門家の発言なのだから真実味がある。これは大変だとさっそく準備にかかり、スーパーでは非常食や非常用の備品が売り切れたりします。

このように、専門性の高い人は、説得性が高い人ということになります。

「信頼性」とは、説得者が多面的な立場から説得内容を説明できるかどうかということです。説得者の信頼性が高いほど、聞き手は説得されやすいという傾向があります。心理学の実験では、説得者の利益になる話ばかりするよりも、不利益になる話もしたほうが、説得に応じやすいことが証明されています。

誰でも、何事にも長所と短所の両面があるものだとわかっています。それなのに、説得する立場に立つと、相手を納得させようと気が逸《はや》り、メリットばかり述べて、デメリットをなかなか口に出せないものです。できれば悪い面は隠したい、ついそう思ってしまうからです。でも、説得される側の立場に立ってみれば、長所ばかり羅列されると、胡散《うさん》くささを強く感じます。物事には、良い面と悪い面の両方があるはずだとわかっているからです。懐疑心を抱いたまま説得に応じる人はいません。

あるセールスマンは、自社の製品のメリットだけをまくし立て、その場の勢いで契約をとり、毎日の成約率はトップクラスでした。しかし、残念なことに、キャンセル率もトップで、結局はパッとしない成績でした。お客さんは、その場の高揚感や押し切られる感じでいったんは契約したものの、帰宅してよく考えてみると、デメリットが頭に浮かんできて、不安が募り、やっぱりやめようということになります。

デメリットを言うことは、説得に障害をもたらすと思いがちですが、じつは逆なのです。あえてデメリットを知らせることは、説得者自身に不利益な情報をわざわざ知らせることになり、「この人は正直な人だ」と、信頼感をもたれやすいのです。信頼できる人の話は、納得しやすいもの。つまり、信頼性の高い人物は、説得の達人であるというわけです。

ここまで信憑性について解説しましたが、ここでひとつ注意しなければならないことがあります。人は、時間が経つとともに、情報の出所があいまいになる傾向があります。つまり、内容は覚えているけれど、それを誰が言ったのか、何で読んだのかなどの出所を忘れてしまうということです。そうなると、信憑性の効果が薄れてしまいます。これをスリーパー効果といいます。それを防ぐ方法については、第5章のスリーパー効果のところで詳しく説明します。

②魅力……魅力的な人の話は信じやすい

人は、説得者に魅力を感じているときに説得されやすいことがわかっています。

ここでいう魅力とは、相手に好意を感じていたり（好意度）、似ていると感じること（類似性）です。私たちは、いったん魅力を感じてしまうと、その人の言動に影響される傾向があります。説得内容が受け手にとってあまり重要ではなかったり、関心が低い場合に、魅力の要素の及ぼす影響はいっそう大きくなります。

「好意度」の例を挙げてみましょう。

某国の妃の写真や映像が世の中に出回ると、着ている服がたちまち売り切れてしまうという話を聞きます。購入者たちは、妃に魅力を感じているわけです。買うように説得しなくてもすぐに売り切れてしまう。それほど、魅力を感じているんですね。これと同じように、好きな芸能人がコマーシャルに出ている商品は、とくに根拠がなくても、同じ種類のほかの商品よりも良いものだと思いがちです。このように、日常のちょっとした場面でも好意度の効果を実感することができます。

好きな人に言われると、あまりしつこく考えなくても素直に受け入れるけれど、嫌いな人に言われると、どうも納得する気になれない。そんな経験は誰にでもあるのではないでしょうか。私たちは無意識のうちに、説得者の魅力に影響を受けているのです。誠実そうで感じがいいとか、頼れる存在で信頼できるとか、魅力を感じさせることができれば、説得への近道になります。

「類似性」とは、文字通り、自分と似ていると感じることです。同郷である、趣味が似ている、考え方が近い、境遇が似ているなど、類似性の高い人が言ったことは、案外素直に聞いてしまうことが多いものです。

たとえば、飛び込み営業に来た業者の話を、気乗りしないなと思いながら聞いていたところに、その人と出身校が同じということがわかったとたん、急に熱心に話を聞き始め、現在、契約に向けて進行中である。そんなこともよくあることです。

私たちは自分の意見にとらわれて、他人がそれは違うよと言ってもなかなか意見を変えないものですが、相手に類似性を感じている場合には、相手と自分との意見が違うとき、自分のほうが間違っていると思う傾向があるということも証明されています。同郷の人や同じ出身校の人がすべていい人とは限らないのに、共通点があると、つい親しみを感じて柔軟な対応をしてしまうものなのです。

③統制力……賞罰を下す人には弱い

統制力とは、受け手の賞罰をコントロールする力のことです。会社でいえば、査定能力をもつ課長、部長、店長などの所属長。学校でいえば、成績をつける立場の先生。家では、しつけのために叱ったり褒めたりする立場の親。そんな立場が統制力をもった立場です。キリスト教を弾圧した秀吉は、当時の隠れキリシタンにとって統制力をもっていました。改宗しなければ命を取られるからです。もっと身近な例でいえば、気難しい上司の気分を害さないように理不尽な指示に従う場合も、統制力によって説得されたことになります。説得内容に納得していなくても、相手の怒りを恐れて行動を変えるからです。

統制力による説得は説得者がいないと行動が戻ってしまい信念までは変わらないこともありますが、統制力が利いている状況では行動を変えることができるので、統制力は説得上有効な要素であるといえます。

たとえば、学校の掃除の時間に、先生が見ていないとすぐにさぼったり箒《ほうき》でチャンバラごっこを始めたりする生徒が、先生が現れたとたんに大人しく掃除をし始める。こういう場合、先生の統制力によって生徒が説得されたことになります。

統制力の機能しない状況では、規制が利かず、集団はまとまらないし、教育もままなりません。とくに、子どもや経験の浅い社員など、人間的、社会的に未熟な相手の態度を変えるには、統制力も有効な要素になるといえるでしょう。

（2）第一印象で説得は決まる!?

説得者が与える第一印象が、説得の成否を左右するといっても過言ではありません。良い印象だというだけで話を聞いてもらいやすくなります。

たとえば、市役所や区役所に行ったときのことを想像してみてください。

こちらの理解度に合わせた説明をしてくれて質問にも快く応じてくれそうな親切な感じの職員が担当になると、最初から素直に耳を傾けますが、目を合わせないで説明も事務的で、質問にも面倒くさそうに答えそうな感じの悪い職員に当たったら、その人の言うことが最初から胡散くさく思え、話を懐疑的に聞いたりする。こういうことはよくあることです。

私たちは、相手の第一印象に引きずられて、無意識のうちに話を聞く姿勢を調整してしまうものなのです。

なぜ第一印象がそんなに大きな力をもつのかといえば、いちばん最初に入ってくる情報だからです。心理学では、他者の印象がつくられていくプロセスのことを印象形成といいますが、印象形成の中でも、初頭効果がもっとも影響力が大きいことがわかっています。初頭効果とは、はじめに示された情報のほうがその後に示される情報よりも影響力が大きいことを指します。いちばん最初の印象が強いわけですから、初対面の人やよく知らない人と会うとき、第一印象にもっとも影響を受けやすいということになります。第一印象の良し悪しで、その後の関係が良くも悪くもなるのです。

(3) 人は見た目が大切?

第一印象にもっとも大きな影響を与えるのは、外見です。

人を外見で判断するなんていけないことだと思うかもしれませんが、私たちはつい見た目で人を判断してしまうところがあります。身なりのきちんとした人には、信頼が置ける人物だという印象をもちますが、だらしない格好をしている人は、いい加減な人物だと思いがちです。

服装の効果を証明した次のような実験があります。

赤信号で止まっている人たちの前で、実験者が信号無視をして横断歩道を歩き始めたときに、どれくらいの人が釣られるかを観察しました。実験者は同じ人で、きちんとした服装をしたときと、作業服を着たときという違う条件で比較しました。

その結果、実験者がきちんとネクタイを締めてコートを着ているときのほうが、作業服を着たときよりも、釣られて横断する人が多かったことがわかりました。

きちんとした服装の人のほうが、信頼されやすいことが証明されたわけです。

ただ、いつもきちんとした服を着ていさえすれば、良い印象を与えるのかといえば、それは少し違います。

親しみを持ってほしいときや、相手にリラックスしてほしいときは、カジュアルな格好をしたほうがよい場合もあります。堅苦しい服装では、真面目な印象を与えることはあっても、堅苦しすぎて親しみをもってもらうことにはつながりにくいからです。

与えたい印象と、その場に合った服装を心がけることが大切です。

（４）色彩によって第一印象が変わる

服装のスタイルだけでなく、服装の色や髪の色などによっても、印象が変わってきます。

礼服には、通常、黒や紺など暗い色が用いられます。暗色には、かしこまった、重々しく落ち着いたイメージがあるからです。一方、結婚披露宴では、ピンクや黄色など明るい色の衣装を身に着けた女性が多く見られます。明るい色には華やかで楽しいイメージがあるので、お祝いのパーティーにふさわしいからです。暗い色は、求心性があるので重たいイメージになり、明るい色は外に広がるイメージがあるので軽いイメージになります。色の明暗によって与える印象が変わるのです。

また、色は大きさにも影響します。暗い色ほど小さく見え、明るい色ほど大きく見えます。これは、暗い色には凝縮するイメージがあるので小さく見えるのに対し、明るい色には膨張するイメージがあるので大きく見えるからです。黒やこげ茶などの暗い色の服を身に着けると、締まって細く見えます。一方、白やパステルカラーなどの明るい色の服を着ると、膨張して太って見えます。同じ大きさの箱を暗い色で塗ったものと明るい色で塗ったもののどちらが大きく見えるかを尋ねる実験では、明るい色のほうが大きく見えるという結果が出ています。

色は温度感覚にも影響します。青や青緑などの寒色系の色は冷たい感じがし、静か、理性的、地味、消極的というイメージがあります。赤やオレンジ、黄色などの暖色は温かさを表し、派手、積極的、感情的、騒々しいなどのイメージがあります。図2－1を見るとわかるように、色にはさまざまなイメージがあります。

このような色のイメージを使って、印象づけたいイメージをつくることができます。冷静で知的に見られたいときは青色を用いるとよいでしょう。穏やかさをアピールしたいときは緑を上手にとり入れたいものです。また、明るく親しみやすい感じをもっ

図 2-1　色別・喚起しやすいイメージ

黄	愉快、快活、陽気、さわやか、単純	青	若さ、理論、科学的、弱さ、積極的、不安、涙、沈黙
緑	自然、のんき、調和	紫	嫉妬、怨念、女らしさ、神秘、個性的
赤	情熱、興奮、濃艶《のうえん》、優美、愛情、力、積極的、野望	オレンジ	陽気、笑い、冗談、躍動

（榎本、2011）

てもらいたいときはオレンジを使うなど、もってもらいたいイメージを色によって表現することで、思い通りの第一印象に近づくことができます。

(5) 第一印象は見た目だけではない

第一印象に影響する要素は、服装のスタイルや色だけではありません。

声のリズム、トーン、テンポ、大きさ、しゃべり方や、表情、しぐさ、姿勢などたくさんのものが影響しています。

政治家など、人を説得する立場の人にはボイストレーニングをしている人もいるようです。堂々とした態度で自信あるイメージをつくるとともに、話し方や声のトーンをコントロールして、自分の話に相手を引き込み説得することを目指しているのでしょう。

見た目は鏡を見ればチェックできますが、声やふとしたときの表情や姿勢、口癖などが、人にどんな印象を与えているのかは、自分ではなかなか気づかないものです。しかし、これらの要素は印象形成の大部分を占めているので、おざなりにはできません。

身近な人に率直に聞いてみるとか、プレゼンの練習を録画してみるなど、自分を客観視する方法をとって、自分がどんな印象を与えているのかを見直してみると、意外な改善点を見つけることができます。

どんな人が説得されやすいのか

(1) 被説得性には2種類ある

誰かを説得しようとしている人にとって、どんな人が説得されやすいかを見分けることは、最も関心が高いテーマだと思います。

同じように説明しても、すぐに納得する人もいれば、なかなか納得してくれない人もいます。心理学では、説得されやすさのことを、被説得性といいます。この被説得性には、一般的被説得性と特殊的被説得性のふたつの概念があります。

一般的被説得性とは、どのような状況下でも一般的にこういう人が説得されやすいという概念です。「こういう人が」に該当するものは、性別、年齢、社会的・経済的地位、教育程度、知的水準などの人口学的特性や、パーソナリティ、過去経験などがあります。

たとえば、人口学的特性のうち年齢についていえば、年齢が上がるに連れて、被説得性が低くなるということがわかっています。社会学者の榊（１９８８）によれば、これは、年をとるごとにさまざまなことを経験し確立された信念や態度をもつことによるとしています。ただ、高齢者になって判断能力が衰えてくると、巧妙な手口を使う振り込め詐欺のような犯罪者に説得されてしまうこともあるので、注意が必要です。過去経験でいえば、辛い経験をして人間不信に陥っている人や、物事に熱中できず虚しさを抱えて生きている人が、新興宗教の勧誘にはまり入信してしまうといったことが挙げられます。

パーソナリティでいえば、自尊感情とも大きな関係があることがわかっています。自尊感情とは、自分の価値、能力、適性などに関して肯定的な評価をもっていることを意味します。自尊感情と説得内容の理解度と受け入れる度合いの3つについて、説得効果との関連を見たマクガイアの研究結果が図２－２です。

図２－２を見るとわかるように、自尊感情が高い人ほど説得内容の理解度が高まり

図 2-2　受け手の自尊感情と説得効果の関係

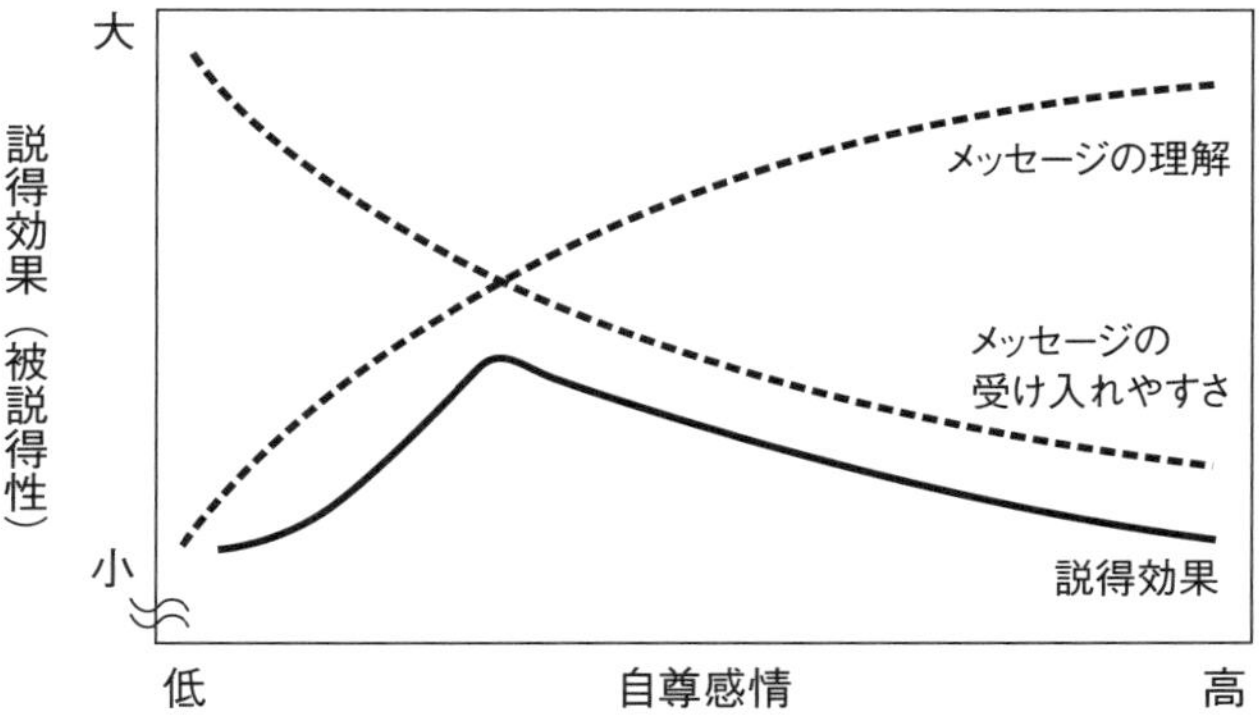

（McGuire, 1968 より構成：深田、1998 を一部修正）

ます。また、自尊感情の高い人ほど、説得内容を受け入れない傾向が強くなります。提示された内容はしっかり理解できるが、その話が信用に値するかを多面的に考えるので、簡単には説得されないというわけです。一方、自尊感情が低い人は説得内容の受け入れやすさは高いが、理解は低いことがわかります。表面的にはすぐに受け入れてしまうが、内容をよく理解していないため、説得者が望む行動をとれない場合が多いのです。

マクガイアによれば、被説得性は次に示す式で求められるとしています。

被説得性＝説得メッセージの理解×説得メッセージの受け入れやすさ

この式に当てはめると、自尊感情が高くても低くても説得効果は低く、自尊感情が中程度の人が最も説得効果が高いことがわかります。

特殊的被説得性とは、特定の条件のときに説得されやすい特性のことです。あるタイプの送り手、あるタイプの話題、あるタイプの提示方法に限って、説得されやすいといった傾向があります。

たとえば、あるタイプの送り手についていえば、いつもは訪問販売なんて話も聞かないのに、気の弱そうな販売員が来たときは決まって話を聞いてあげたくなって、気がついたら購入を決めているということが起こります。あるタイプの提示方法というのは、話を口頭で聞く場合は、疑問点なども頭の中で整理でき的確な判断ができるのに、タブレットで次々に映像や表を視覚的に見せられるときはいつも注意力が散漫になり、相手の説得に簡単に乗せられてしまうといったことです。

こうした特殊的被説得性には、一般的被説得性の受け手の特性のほかに、話題に対してもともともっている態度（初期態度）や、話題に対してどれくらい関心をもっているか、または話題がどれくらい自分に関わりがあることか（自我関与）、話題についての情報をどれくらいもっているか（既有知識量）などが関わっています。

はじめから受け手の特殊的被説得性を知っていれば、説得には有利なのですが、なかなかそんな情報はありません。雑談などをして語りやすい雰囲気をつくり、傾聴力を発揮して相手の話をよくきくと、特殊的被説得性が何となくわかってくることがあります。

(２) 誰にでも理解の枠組みがある

どんなに丁寧に説明しても、うまく伝わらなかったり、誤解されたり、どうしてもわかってもらえない、こういった経験をした人は多いのではないでしょうか。

こんなとき、どういう対策法をとりますか。

説明力が欠如しているんだから、それを強化するよう努力するのでしょうか。

説得上手になろうとして説明力を鍛えるのは大切なことですが、人にはそれぞれ「理解の枠組み」があるということを頭に置いておかなければ、いくら説明力をつけても徒労に終わってしまいます。

理解の枠組みというのは、その人の過去経験によって培われた価値観のようなもので、人はこの理解の枠組みの範囲で見たものや聞いたことを解釈します。理解の枠組みが過去経験によってつくられるということは、人の数だけ過去経験が違いますから、人の数だけ理解の枠組みが存在するというわけです。まず、これを念頭に置く必要があります。

理解の枠組みによって、行動が異なる例を示しましょう。

たとえば、小さい頃から周りの人から親切にされて育ってきたAさんは、人を信頼しており、「人は親切なものだ」という枠組みをもっています。子どもの頃から親から大人扱いされて甘えさせてもらえなかったBさんは、人に頼らないスタイルが身についているので、「人は頼れない存在だ」という枠組みをもっています。同じ職場のふたりを呼んで、上司がチームワークを強化するよう説いたとき、ふたりは同じように納得するでしょうか。Aさんは、基本的に人を信頼していますから、上司から言われたチームワークの大切さを理解し、その後、チームの雰囲気づくりに精を出すでしょう。しかし、Bさんは、人は頼れない存在だと思っていますから、チークワークは大切だとは思うが、最終的には自分で頑張るしかないという思いに縛られ、自分の能力を伸ばすほうに重きを置いてしまうでしょう。このように、個人の過去経験による理解の枠組みは、同じ情報に触れても違った態度を導き出してしまうのです。

過去経験のほか、立場によっても理解の枠組みは異なります。

会社の経営会議では、新製品の開発をしている開発部長は、どんなにコストがかかっても他社に抜きん出た新製品を開発することが、会社にとって最も大切だと言うでしょう。一方、経理部長は、堅実な経費の管理をすることこそが会社にとって最も大切だと提案するはずです。どちらも、自分の立場という枠組みの中で最善の策をとなえているわけですから、相手の枠組みを理解して歩み寄らなければ、お互いに理解できず議論は平行線のままです。

もうひとつ、説得の場面で注意しなければならないのは、説得内容に関する知識の有無または情報量によって理解の枠組みが異なるということです。人は自分がよく知っていることは、ほかの人も当然知っていると思い込んで説明を怠りがちです。しかし、「知っているのは当たり前」というのは、自分の視点だけで捉えた思い込みかもしれません。よく知らないテーマについて、テーマ自体の説明を受けないで、その影響ばかり話されても、まったく理解できません。当然、説得には応じられません。

たとえば、高齢者がパソコンでも始めてみるかと電器店を訪れたとしましょう。販売員が誰でも知っているはずと思っている作業は、普段パソコンに接したことのない高齢者にとっては当たり前のことではなく、基本的な用語やスタートボタンの押し方から教えてもらわなければ、どんなに詳しいパソコンの説明を受けたとしても、パソコンの購入にまで至らないわけです。

製品説明の場面では、知識がない相手に説明することも多いと思います。こういう場面で専門用語を並べ立てて説明しても、説得が成功するとは思えません。相手の理解の枠組みに配慮して、その分野の知識がない人にもわかるよう平易な言葉で説明する必要があります。

説得の場面では、立場や過去経験、話題に対する知識の有無などによって、相手には相手の理解の枠組みがあるということを常に意識しなければなりません。こんなことは誰でも知っているはずという思い込みは厳禁です。相手の枠組みに沿って丁寧な説明を心がける必要があります。

（3）暗黙の性格観

物事を検討するとき、誰もが与えられた情報をもとに理屈で判断するだけなら、説得も簡単でしょう。しかし、私たちは人間ですから、機械のように単純に情報を処理するだけでなくさまざまなバイアスがかかるので、なかなか理屈通りにはいきません。暗黙の性格観もそうしたバイアスのひとつです。

私たちは、これまで会った人やその人にまつわる出来事をもとに、人を分類し、自分なりのデータを蓄積しています。

一見、大人しそうな人はいざというときに大胆な行動に出るものだとか、優しそうに見える人は実際はしたたか者だとか、はつらつとした人は裏表がなくつき合いやすいとか、過去に出会った人をサンプルにして意味のネットワークをつくります。この意味のネットワークが暗黙の性格観です。

暗黙の性格観は一般的な概念ではなく、個人が勝手に持っている、偏見に満ちた価値観です。

例として、クールなイメージをもつ説得者から話を聞く場面で、ＣさんとＤさんの心にどのようなことが起こるかを考えてみましょう。

Ｃさんは、クールな説得者に対して反発する気持ちを抱き、素直に説得を聞き入れる気持ちになれません。Ｃさんは、かつて、クールなイメージの友人に個人的な相談をもちかけたとき、「そんな小さなこと、他人に頼らず自分で解決すればいいじゃないか」と冷たく言い放たれ、そのうえほかの友人たちに相談内容を漏らされたのを知って、クールな人間に悪い印象をもっているからです。「見かけがクール――心が冷たい――信頼できない」という意味のネットワークがつくられたわけです。

Ｄさんは、クールな説得者に対して友好的な気持ちを抱き、説得内容を前向きに聞こうとする心の構えができています。Ｄさんは、中学生の頃、文化祭の準備で自分の担当分がなかなか終わらず困っているときに、日頃はそれほど懇意ではなかったクールな感じのクラスメートが「大丈夫か」と声をかけてくれて、みんなを説得して一緒に手伝ってくれたという思い出がありました。それによって、「見かけがクール——意外に親切——頼れる」という意味のネットワークがつくられ、クールな人に会うと、見かけによらず親切な人なのだろうと思うわけです。

こうした心の動きは無意識下で起こるため、本人もよくわからないうちに相手に良い印象を持ったりイヤな感じを抱いたりします。暗黙の性格観は意識されないので、実際は冷静な判断ができていないのに、本人は合理的に判断しているつもりでいるところが厄介なのです。

自分はそんなことはしていない、いつも客観的に物事を判断していると思っている人も、あの人に言われるとどうしても素直に聞く気になれないのに、別の人に言われたときは、同じ内容でもすんなり納得できたという経験があるのではないでしょうか。この背後には、暗黙の性格観が影響していることが多いのです。

相手のもつ暗黙の性格観を覆したり外したりすることは、なかなか難しいものです。しかし、説得するうえでは、その影響をできるだけ弱める努力をしなくてはなりません。

相手がどうも素直に聞いてくれないなと感じたら、自分に似たタイプの人に悪いイメージをもっているのかもしれません。そういう場合は、説得内容に集中させるようにするとか、押しつけた感じにならないよう、相手に結論を導かせる手法をとるなどの工夫が必要です。どうしても抵抗するようなら、説得者を替えることもひとつの手でしょう。

(4)「察しない」けど「察してほしい」時代

日本人は、察する能力が高いといわれます。欧米人が、きちんと自己主張できる人物を理想としているのに対して、日本人は、人と仲良くしたり、場の空気を読む人物を理想としています。

文化人類学者ホールは、コミュニケーションがうまく機能するには、コンテクストを考慮する必要があるとしています。コンテクストとは文脈のことです。コンテクスト度の高いコミュニケーションでは、コンテクストの中に情報が盛り込まれていて、この人はどういう文脈の中でこの発言をしたのかが、言葉ではっきり言わなくてもわかるとしています。空気を読むとか、言葉で言わなくても察することができる日本的コミュニケーションは、コンテクスト度が高いといえます。

日本のようにコンテクスト度の高いコミュニケーションを用いる文化では、ものの見方や考え方、習慣などが広く共有されているため、言葉に頼らなくても相手の気持ちを察することができます。いちいち言わなくても、わかってくれる文化なのです。こうした文化では、相手の気持ちを察することができない人は、うまくいかないことが多いので注意が必要です。

一方、欧米では、さまざまな言語や価値観をもつ人たちが入り乱れて生活しており、日本のように、相手の気持ちを察することはとても難しいのです。言ったことがすべてという低コンテクストの文化なのです。さまざまな価値観が交錯しているため、察しようとしても無理なのです。こうした文化では、察しようとしても空回りするばかりです。要求したいことがあれば、きちんと言葉で主張することが求められます。

海外に留学したことがある人なら、外国人との間にコミュニケーションギャップを感じたことがあるのではないかと思います。日本の「おもてなし」文化が世界で注目されているようですが、日本人は、相手の気持ちを先読みして気配りする能力にとくに長けているようです。

ただし、最近では、日本も価値観が多様化したり、生き方の社会的縛りが緩んだことなどによって、「こうあるべき」という基準が機能しなくなってきています。それによって、察することが難しくなっています。

それなのに、これまでの察してほしい、察してくれるに違いないといった、相手に求める甘えの気持ちはいまだに変わらず根強く残っています。察することができないのに、相手には察してほしいと願う。このギャップが、「そんなつもりじゃなかった」「そうしてくれると思ったのに」といったコミュニケーショントラブルを発生させやすくしています。

日本人は、「察してくれるだろう」という思考スタイルが沁《し》み着いているので、説得場面においてもつい甘えの心理が働きがちです。相手が察するだろうという思いは捨てて、必要な情報をしっかり伝えることが、トラブルを防ぐ策となるでしょう。

(5) 論理的に判断しているつもりでも

説得を受けたときの情報処理の仕方は、人によって、また状況によって違います。心理学者チェイケンたちは、情報処理の二重プロセス理論を提起しており、システマティック処理とヒューリスティック処理に分けています。

システマティック処理とは、情報をさまざまな角度から熟考して判断する情報処理方法のことです。ヒューリスティック処理とは、断片的な情報や特定の情報に反応して、あまり細かく検討せずに直感的に判断する情報処理法です。

受け手の立場になれば、後から後悔する事態に陥らないためにも、細かく検討するシステマティック処理を用いたほうがよいでしょう。しかし、実際は、自分ではじっくり検討しているつもりでも、無意識のうちにヒューリスティック処理を行っていることは多いものです。

たとえば、ものを買うとき、相場に比べてあまりにも安いと躊躇してしまいます。その製品について情報を集めてじっくり検討してから決めてもよいのに、「百貨店で売ってるんだから、品質が悪いわけないだろう」と、よく考えもせず買ってしまうことがあります。本当に百貨店では品質の良い商品しか取り扱っていないかといえば、その保証はありません。それでも、そう思ってしまうのは、ヒューリスティック処理のなせる業なのです。

パソコンを購入しようと電器店を訪れた場合はどうでしょうか。

いくつか商品が並んでいて、価格が何段階かあったとします。ある人はじっくり、どの商品にどんな機能が搭載されていて、製造国はどこでと、カタログを見ながら検討するかもしれません。でも、考えてもよくわからない人は、安すぎると品質が悪いんじゃないか、高すぎるのは使わない機能までムダについているだけなんじゃないか、という理由で中間のランクを選ぶというヒューリスティック処理に頼った判断をすることも多いものです。

それでは、どんなときにどちらの処理法で判断しがちなのでしょうか。

まず、内容について考えてみましょう。

受け手にとって重要な内容のときは、システマティック処理をとるでしょう。自分に直接関わってくることは、よく考えて、後悔したくないという気持ちが生じるからです。逆に自分にとってこだわる動機がないことには、ヒューリスティック処理を用いがちです。「どちらでもいいや」という気持ちが強いときに、説得者が信頼できる人だと、「この人の言うことだから、まあいいか」という気になってしまうことが多いのです。

次に、受け手がその内容について知識があまりない場合は、ヒューリスティック処理をとりがちです。細かい情報をどんどん与えられても、もともとの知識がないと、混乱するばかりで、用が足りません。権威のある人が推薦しているとか、仲の良い友人が使っているといった、周辺的手がかりに頼ってしまう傾向があります。

次に、受け手について考えてみましょう。

受け手の認知的動機の強さによっても、どちらの処理法を使うかが違います。物事をよく考えて納得できないと、どうしても行動に移せない人がいます。こういう人のことを認知的動機が高い人といい、物事を理詰めで理解したがる傾向があります。この認知的動機の高い人はシステマティック処理をとる傾向があり、弱い人はヒューリスティック処理を用いがちであることがわかっています。

また、受け手が疲れているときや忙しいときは、ヒューリスティック処理をとりがちです。システマティック処理は、時間と手間と集中力を要するので、面倒なことを避けたい心理状態のときは、どうしても手を抜いてしまうのです。

人がどういうときにどちらの処理法をとるかという傾向を知ることは、説得上とても役に立ちます。勢いで説得したいときは、ヒューリスティック処理を意識した方法をとります。じっくり検討してほしいときは、一方的に説明するのではなく、説明に質問を交えて、受け手が考えて納得できるよう話を進めながら、システマティック処理を促すとよいでしょう。

（6）集団でいるとき

説得の場面では、受け手がひとりの場合と、集団の場合があります。ひとりでいるときと集団でいるときは、どちらのほうが説得に応じやすいでしょうか。

集団でいるときは、多数の意見に流されやすい傾向があります。これは第5章の同調の項目で説明します。このほかに、集団でいるときに、大胆な決断を下しやすいことがわかっています。この現象をリスキーシフトといいます。これを示す実験があるので紹介してみましょう。

いくつかの葛藤場面を示して、成功率が何％くらいのときにリスクを伴う選択をするかを問う実験です。示した葛藤場面とは、次のようなものです。

①給料は高いが、不安定要素の多い仕事に転職するかどうか

②完治が期待できるが、失敗すれば命の危険がある手術を受けるかどうか

③ゲームで僅差で負けている場面で、確実な方法で引き分けを狙うか、逆転を狙っていちかばちかの勝負に出るか

④もともと好きだった音楽の道に進むために、せっかく入学して今まで勉強してきた医学部をやめるかどうか

まず、ひとりで考えた結果を答えさせます。その後、６人一組のグループに分けてテーマについて話し合わせた後、同じように質問に答えさせました。ひとりで出した答えと、集団で話し合った後に出した答えを比較してみると、どのテーマでも、集団討議の後のほうが、リスクをとりやすいという結果が出たのです。

その後、数週間経ってから同じ質問をしたところ、誰もが集団で考えたときのリスキーな選択をしていました。これは、集団討議によって下された選択は、その後の各人の中に定着するということを表しています。

集団で決めると、個人で決めるのと違って、全責任が自分にかかってこないため、責任の分散が生じます。このため、いっそう大胆な決断を下しやすいと考えられるのです。

ここから、ひとりでは尻込みしてしまうような危険を伴う説得内容の場合は、集団で話し合わせたほうが、個人で考えさせるよりも説得しやすいことがわかります。

逆に、慎重に検討してほしい場合は、ひとりで考えさせたほうがいいし、どうしても集団で話し合う必要がある場合は、あらかじめひとりで考えさせ自分なりの結論を出させておけば、いきなり集団で話し合うよりは、リスキーなほうにシフトしにくいということが考えられます。

図 2-3　マズローの欲求の階層

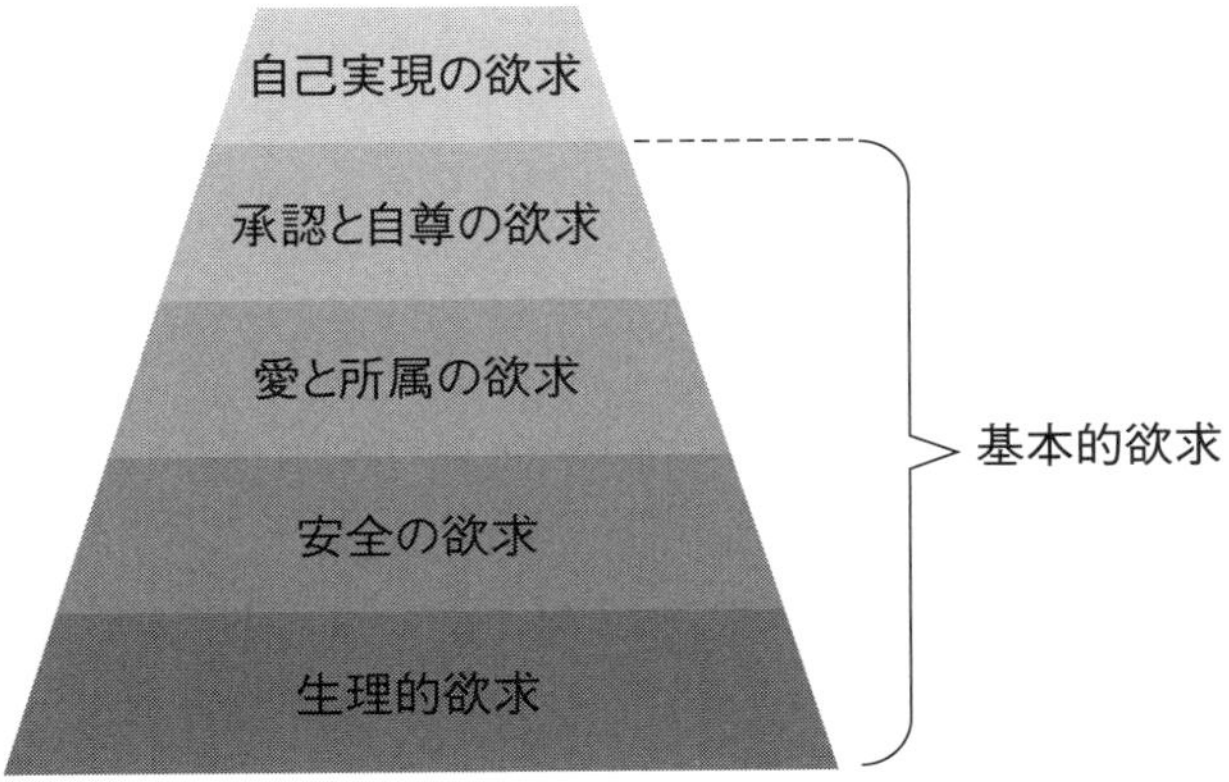

(7) 承認欲求を満たされた人は説得されやすい

相手の承認欲求を満たすと、説得に応じてもらいやすくなるということがあります。

承認欲求というのは、人から認められたいという欲求のことです。心理学者マズローが提唱した、欲求の階層説の中の基本的欲求のひとつです。

マズローの欲求は図のような構造になっています（図２－３）。

マズローは、人の欲求を４種類の基本的

欲求と自己実現欲求の5層に分け、下層の欲求が満たされると順にその上の欲求を求め、最後には自己実現を求めるとしています。食べることや住むところに困っている人は少なく、生理的欲求や安全の欲求は多くの人が満たされている現代では、愛と所属の欲求や承認欲求が大きな課題になっています。

目の前の相手がよくわからない人だと、人は不安を感じます。相手がどんな人なのかということももちろん気になりますが、相手から受け入れてもらえるだろうか、変な奴だと思われたり見下されたりしないだろうかなどと、自分が人の目にどう映るかがそれ以上に気になってしまい、警戒した態度をとってしまうのです。人から認められたいと希求すればするほど、認めてもらえるだろうかという不安もどんどん強くなっていきます。

承認欲求を満たすことができれば、相手の警戒の構えは解かれます。警戒の構えを解くことができれば、話を聞く心の構えができあがり、説得への第一の扉が開かれます。

では、実際に相手の承認欲求を満たすには、どうしたらよいのでしょうか。

誰にでもできることは、相手の話を共感的に傾聴することです。自分の話をよく聞いてくれる人には、みな、良い印象を持つものです。「この人は安心できる人だな」と思わせることができれば、こちらの話も受け入れてくれやすくなります。

傾聴の実習では、聞き方で話しやすさがどう変わるかを確認できるよう、次のポイントを押さえながら学んでいきます。

・うなずきを用いる
・あいづちを用いる
・相手の言葉を反復する
・共感を示す
・質問をする

自分の話に、相手がうなずいたりあいづちを打ったり、言葉を反復すれば、しっかり聞いてくれていることがわかります。「それは、もっともですね」とか、「なるほどわかります」など共感的な言葉をかけられたら、思いを共有してくれているんだと親しみを感じます。さらに質問をすることで、自分のことをもっと知りたいと思ってくれていると感じて、好意を抱くものです。このように、傾聴的態度は相手の警戒を解くのに有効な手法なのです。

ただ、話を聞こうと身構えていても、なかなか自分のことを話してくれない人もいます。そういうときは、説得者が自ら自己開示をすると、相手も自分のことを話しやすい雰囲気がつくられます。ただし、過剰に自己開示すると相手が退いてしまうので、ほどほどの自己開示が求められます。

お互いに程よい自己開示をすることで良好な関係がつくられ、その関係が説得の際に生きてくるのです。

説得者と受け手の心理的関係

（1）心理的関係が説得の鍵

どのような人が説得に有利で、どのような人が説得されやすいかについて説明してきました。では、説得しやすい条件をもった人が、説得されやすい条件をもった人を説得しようとすれば必ずうまくいくのでしょうか。実際はそういうわけにはいきません。そこには、二者間の心理的関係が影響するからです。

たとえば、受け手が説得者に親しみをもっている場合、最初から話を聞く心の構えがあるので、説得が成功する確率は高まります。初めて会った相手には、どんな人なのかと警戒感を抱くので、話を聞く姿勢になるまで時間がかかります。それゆえ、説得がうまい人は、相手との良い関係を構築するために、第一印象に気を遣ったり、雑談の場で傾聴力を発揮して相手の心を開かせるよう努めます。

関係性が大事ということは、人が気持ちで動くということから来ています。人を説得するときに、理路整然と理屈を並べるだけでは、心理的抵抗感を引き起こして、容易には納得しないものです。相手の言うことが正しければ正しいほど、面白くない気持ちが募り、どうしても受け入れたくないという気持ちになった経験が誰にでもあるのではないでしょうか。また、関係性が良ければ、ちょっと矛盾することがあっても、まあいいか、ということで説得を受け入れることもよくあることです。また、信頼している上司から注意を受ければ素直に聞き入れる気持ちになれるが、普段から仕事の指示以外話したこともない上司から事務的に注意を受ければ、素直に聞く気持ちになれないものです。

相手との心理的関係は、説得上、最も大きな要素といっても過言ではありません。

図 2-4　ハイダーの認知的バランス理論

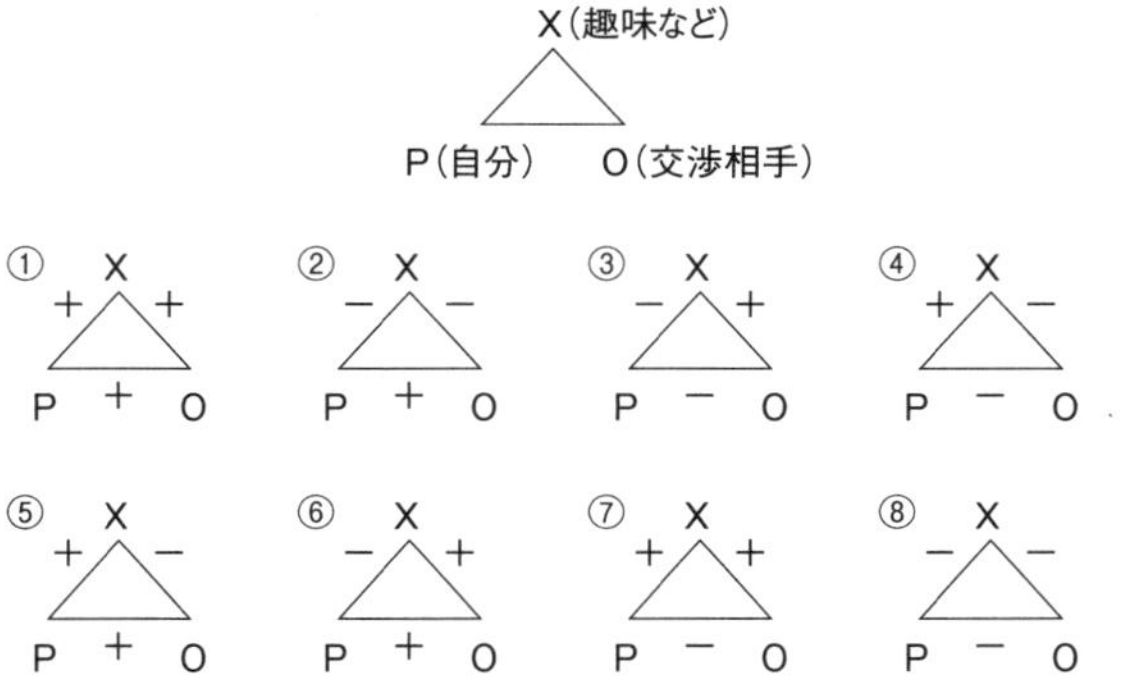

（榎本、2014）

（2）友好関係を築くために知っておきたい理論

良い関係であれば説得に有利だということはわかったが、どうしたら友好な関係を築くことができるのかが知りたいという人も多いと思います。ここで、ハイダーの認知的バランス理論を理解し、頭に置いておくと、良い関係を築くのにとても役立ちます。

認知的バランス理論では、PとO、OとX、PとXがそれぞれ良い関係であればプラスを、否定的な感情をもっている場合はマイナスを図2-4のように記します。次に、三角形の辺にある3つの符号の積を求め、3つの積がプラスなら安定的な関係とみなし、マイナスならバランスの悪い不均衡状態とみなされます。不均衡状態では、不快感など心理的緊張が生じるので、3つの関係の積がプラスになるよう、どこかを調整しようとする動きが生まれます。

図で示されているPは自分を表します。Oは相手、Xは人物、価値観、趣味、出身地などさまざまなものに置き換えて、そのバランスを考えることができます。

たとえば、Xを自分と顔なじみで気心が知れている取引先の人に置き換えてみると、P-Xの関係はプラスです。そこで、OにとってXが良い関係であれば、X-Oの関係はプラスとなり、図の①か⑦のどちらかになります。ただ、⑦だと3つの積がマイナスとなってバランスが悪いので、PとOの関係をプラスにしようとする動きが生じます。その結果、「Xの知り合いなら、ひとつ話を聞いてみるか」という柔和な姿勢になったりするのです。これが、XとOが対立関係にあれば、X-Oの関係がマイナスとなります。図でいうと、④か⑤になります。しかし、3つの積がプラスとなって安定したバランスを築くためには、④のように、ＰとＯの関係もマイナスとなってしまいます。ＯはＰのことを、自分と対立関係にあるＸと仲の良い人物であると認識し、抵抗を示すかもしれませんので、Ｘを少し難しい関係になることを気にとめつつ説得に臨む必要が生じてきます。

初対面の人と会ったとき、有効な雰囲気を築くために、本題に入る前に「ご趣味は」「ご出身は」などと尋ね雑談をすることも多いものですが、これは、良い関係をつくるためのＸを引き出そうとする作業なのです。

初対面だと身構えてしまうのに、お互いに野球観戦が趣味だとわかると、急に相手に親しみを覚えたりするものです。ただし、相手が、自分が応援しているチームと競合するチームのファンだという場合は、相手の応援するチームがＸとなり、図の③か⑥になります。③では自分と相手の関係が悪くなるのでＰ‐Ｏをプラスにして、認知的バランスをとるには、Ｐ‐Ｘもプラスに修正し、①にもっていく手があります。気まずい雰囲気を回避するため、「敵ですけど、○○選手（相手の応援するチームの選手）

は好きなんですよね」などと、良い関係を導き出すXを話題に出すなど、すばやく機転を利かせることが必要です。

もっとも有効な伝達手段とは

説得内容を伝達する方法を、コミュニケーション・チャンネルといいます。コミュニケーション・チャンネルを、メッセージを知覚する感覚器官によって分類すると、文書や映像を見る視覚的チャンネル、音を聞く聴覚的チャンネル、触れることによる触覚的チャンネル、匂いによる嗅覚的チャンネル、味を感じる味覚チャンネルの5つに分けられます。

こうした分類では、説明が多岐にわたって煩雑なので、ここでは、メディアという観点から伝達手段について説明したいと思います。

メッセージを伝達するメディアには、対面、電話、文書、録画したもの、ラジオ、テレビなどさまざまなものがあります。メッセージの難易度や、説得者の立場、受け手のもつ価値観などさまざまな要因ごとに有効なメディアが違います。

それでは、実験結果を示しながら、説得に有効な伝達手段について探っていきましょう。

(1) メディアはメッセージの難易度によって使い分ける

メッセージの内容が簡単か難しいかによって、有効なメディアは変わってきます。

メッセージの難易度と①印刷文書、②録音、③録画というメディアとの関係を示した実験結果を見てみましょう。

図２－５を見るとわかるように、メッセージが簡単なものの場合は、理解度はどの媒体でも差はないが、説得方向に意見が変わりやすいのは、録画がもっとも高く、録音、

図 2-5　メディアと難易度による説得効果

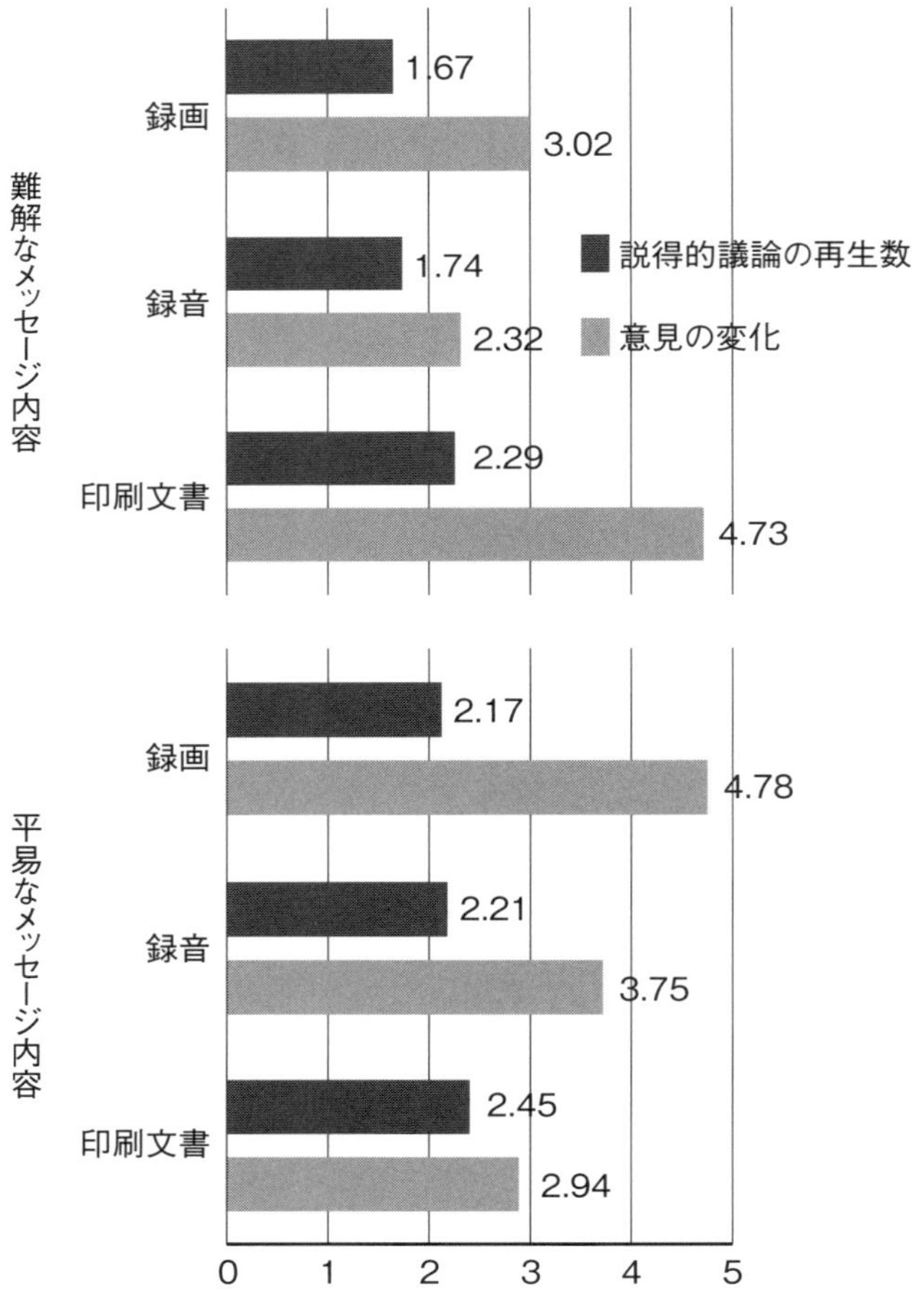

（小林・飛田、2000 をもとに作成）

印刷文書という順になりました。これは、簡単な内容であれば、視覚的イメージを用いたほうが雰囲気も伝わって理解しやすいため、説得に応じやすいと考えられます。

一方、メッセージが難解な場合は、印刷文書の場合がもっとも理解しやすく説得の方向に意見が変わりやすいという結果になりました。これは、音声や画像という要素が入ることによって、注意力が散漫になり、内容を理解しづらくなることが原因と考えられます。難解な話は、文書をじっくり読んで理解したうえでないと、説得方向に意見が変わりにくいということです。

(2) 映像を使わないほうがいいときもある

「百聞は一見に如かず」という言葉もある通り、実際に目で見ることは、読んだり聞いたりするより多くの情報を得ることができます。ラジオで聞いたり新聞で読んだりする内容も、テレビで見れば一目瞭然だし、ラジオや新聞では伝わらない情報も読みとることができます。

では、説得者にとって、どんな場合でも映像を用いて説得したほうが有利なのでしょうか。

これに関しては、次のような実験があります。

酒のグラス売りを容認するかという問題が世間でもち上がっていた時代に、それを支持するメッセージを、①音声メディア（ラジオ）、②映像メディア（テレビ）、③活字メディア（新聞）の3つのメディアによって提示し、どのメッセージ方法が説得力が高いかを比較しました。すると、映像メディア（テレビ）が音声メディア（ラジオ）や活字メディア（新聞）よりも説得効果が高いという結果が得られました。

演説する人物も、A今度立候補を予定している新顔の政治家、B現職の政治家、C元政治家あるいはニュースキャスターの3つの条件が設定されました。すると、Cの元政治家あるいはニュースキャスターの説得効果が最も高いという結果が得られました。これは、利害関係がなく中立的な立場で発言していると思われ、信頼度が高かったせいだと考えられます。最も説得効果が低かったのは、Ａの今度立候補を予定している新顔の政治家でした。よく知らない人物の言うことは、信用できないという気持ちもわかります。

さらに、メディアと人物を組み合わせて比較してみると、面白い結果が得られました。最も説得力のあるＣの元政治家あるいはニュースキャスターの演説は、映像メディア（テレビ）のときが最も説得力が高まりました。これは当然の結果といえます。ところが、最も説得効果の低いＡの次期候補予定の新人政治家は、テレビで演説したときが最も説得力がなかったのです。

ここからわかることは、映像メディアは、ただメッセージ内容を伝えるだけでなく、語り手の様子など言葉以外の部分が強く伝わるということです。信用されやすい人物の言葉は、テレビを通して語調や姿勢が伝わることでますます説得力が増し、知名度が低いなど信用されにくい条件をもった人物の言葉は、テレビを通すとその様子からますます納得しにくいものに感じられてきます。

説得内容に自信がないときや、説得力に不安をもっているときは、映像メディアを利用しないほうがいいということになります。

メッセージの内容と提示方法

説得を受ける側にとって、話の内容はとても重要です。

話が自分にとって重要な内容なのか、得することなのか損することなのか、聞き入れたほうがよい話なのかどうか。説得内容の自分に関わる度合いで、話を聞く姿勢も変わります。

ただ、話の内容がすべてというわけではありません。

人格や社会的地位といった送り手の要素、価値観や人口学的要因、パーソナリティといった受け手の要素、そして両者の関係性によっても変わってきます。受け手にとって深刻な内容であれば、身を入れて聞き、細部にわたって検討することでしょう。逆にほとんど関心のないことであれば、別の事情がない限り、あまり積極的にはなれないはずです。ただ、送り手との関係が良かったり、受け手がここは説得に応じておいたほうが立場が良くなると判断した場合に、無理を承知で説得を呑むことは日常ではよく見られます。「どっちでもいい話だけど、あの人から頼まれちゃ断れないな」という場面に遭遇した人も多いのではないでしょうか。

また、人は一人ひとり違った価値観や過去経験をもっています。このため、同じメッセージでも受けとめ方は人によって実にさまざまで、ハウツーものの説得本でいくら事例を並べ立てても網羅できないほどバリエーションに富んでいます。

また、提示方法によっても、受け手の解釈や説得の受け入れ度合いに違いが出ます。最初に結論を提示したほうが納得しやすい人もいれば、「決めつけた言い方をする」と拒絶する人もいます。結論を示さないで考えさせるほうが説得に応じやすい人もいれば、送り手から結論を言ってもらわないと、相手が何を求めているのかわからず、説得に応じられないケースもあります。選択肢をたくさん用意したほうが、よく吟味できていいと考える人もいれば、何が一番いいのかわからず、選択肢を減らしたほうが説得に応じやすい人もいます。

どのようなメッセージ内容と提示方法が有効かについては、第4章で具体的に示すことにします。

第3章 説得の心理メカニズム

認知的不協和理論……矛盾を嫌う心理

私たちが遭遇する出来事は、矛盾を孕《はら》んでいることも多く、理路整然と説明がつくことばかりではありません。しかし、私たちは矛盾を抱えたままでは、気持ちが収まりません。そういうとき、人はどのような心理に陥り、どう対処しようとするのでしょうか。

これは、心理学者フェスティンガーの提唱した認知的不協和理論で説明できます。いくつかの認知に不協和が生じると、それを解消しようとするという理論です。

複数の認知の間には、「無関連」、「協和」、「不協和」という3つの関係があると考えられています。たとえば、「私は卵料理が好きだ」という認知と「日本の経済が上向いてきた」という認知のように、両者に何の関係もないものであれば、それは「無関連」であるといいます。また、「私は卵料理が好きだ」という認知と「卵は安く手に入る」という認知とでは、「卵は安いので、私が好きな卵料理をたくさん食べられる」ということになり、心理的に矛盾が生じないので、「協和関係」にあるといいます。ところが、「私は卵料理が好きだ」と「卵は食べると成人病になりやすい」との間には、「私は卵料理が好きなので成人病になりやすい」ということになり、自分では好ましくない状態にあり、心理的に矛盾が生じます。これを「不協和」といいます。

私たちは不協和状態に陥ると、何とかしてその状態を解消しようとします。その方法には次の３つがあります。

①自分のもっている認知要素を変える

先の例でいえば、「私は卵料理がさほど好きではない」というように認知を変えてしまい、自分は成人病になりやすいという要素を否定しようとするわけです。

②新たな認知要素をつけ加え、不協和の量を減らす

新たに、「卵を毎日食べる人は、見た目年齢が若い」という認知要素をとり入れ、自分が好きな卵料理は、食べすぎれば成人病につながりやすいが、程よい量なら見た目年齢を若く保てるというところに落ち着かせるわけです。

③受け取った認知要素を歪める、または無視する

「卵を食べると成人病になりやすい」という認知を、情報源のはっきりしない、大げさな見解なのだろうと、重要視しないようにしてしまいます。

それ以外には、できるだけ情報に触れないようにする「選択的接触」というスタイルをとるようになります。卵の摂取が高コレステロール血症になりやすいとか、動脈硬化につながりやすいとか、そういった内容の雑誌や病院のポスターを見ても記憶しないなど、無意識の行動につながっていきます。

認知的不協和理論を知ると、私たちが、日頃、物事をいかに都合よく歪めて認知しているかに気づくはずです。

社会的判断理論……もともとの態度が判断のもとになっている

私たちは、あらゆる事物に対して、態度をもっています。この場合の態度とは、受けとめ方ということです。たとえば、「火山の噴火」という言葉は、箱根や桜島など活火山の近くに住んでいる人にとっては、生活に直接関わる重要な意味をもっています。一方、火山に縁遠い国の人には、とくに意味を持たないでしょう。また、「資格試験の受験」という言葉は、試験に合格して昇進を目指したいと考えている人にとってはとても興味あるものだし、もし試験に合格できなかったら同僚に見下されるんじゃないかと不安を抱えている人にとってはできるだけ思い出したくないものです。

このように、同じ事物に対しても、人によってもっている態度が大きく異なります。

ホヴランドらは、社会的判断理論という理論で、人はもっている態度位置によって態度変容が違うことを提唱しています。

社会的判断理論によれば、人はそれぞれ、自分の意見にいちばん近い範囲（受容範囲）、受け入れられない範囲（拒否範囲）、受容するわけでもなく拒否するわけでもない範囲（不確定範囲）をもっており、ある意見が受容範囲にある場合は、実際よりも自分の意見に近いと判断される同化傾向があるのに対し、拒否範囲にある場合は、実際よりもかけ離れているとみなしやすい対比傾向があるとしています。

説得の場面に置き換えると、一戸建て住宅を購入しようとしている（態度位置）人にとって、注文住宅や建売住宅の広告（受容範囲）は検討の対象になりますが、賃貸戸建てや賃貸マンションの紹介（拒否範囲）は目にもとまりません。ひょっとしたら、分譲マンションの広告（不確定範囲）なら検討の余地があるかもしれません。このように、受け手の態度に近いものは受け入れられやすいが、あまりにかけ離れた内容の説得は、難しいと判断せざるを得ません。

また、態度の対象がその人にとって重要で、自我関与度が高い場合、受容範囲が狭くなり、拒否範囲が拡大されるといわれています。住居にこだわりが強い人は、さまざまな条件を検討しつくしてそれをクリアした物件が見つかったとき、やっと購入を決断するといった具合です。

ここからわかることは、説得するときは、説得内容が受け手の態度位置に近いものかどうか、どれくらい重要だと思っているかに注意する必要があるということです。

精緻化見込みモデル……説得内容と周辺要素のどちらが重要なのか

（1）精緻化見込みモデルとは

説得の成否は、受け手の情報処理の仕方でも大きく変わってきます。情報処理の仕方とは、説得内容をどのように検討するかということです。これは、ペティとカシオッポによって提唱された精緻化見込みモデルという理論によって説明できます。

精緻化とは、細かくするという意味です。ここでは、説得内容を細かく検討することとして使われます。精緻化見込みモデルとは、物事を検討するにあたって、説得内容を細かく検討するルートをとるか、それとも、内容以外の条件を頼りにするかによって、説得の成否が変わってくるという理論です。

精緻化見込みモデルでは、情報処理の仕方を、中心的ルートによるものと周辺的ルートによるものに分けています。中心的ルートとは、説得内容自体を細かく検討する方法です。一方、周辺的ルートとは、説得内容はあまり検討せず、言った人が誰かなど、情報に付随する条件を材料に判断する方法です。

たとえば、スマートフォンを購入しようとするとき、どの会社のプランがいちばんいいか、パンフレットを読み込んだり、店舗に赴いて話を聞いたうえで検討する人は、情報を精緻化する中心的ルートをとる人です。プランを聞いてもどれがいいかよくわ

図 3-1　説得における「精緻化見込みモデル」のフローチャート

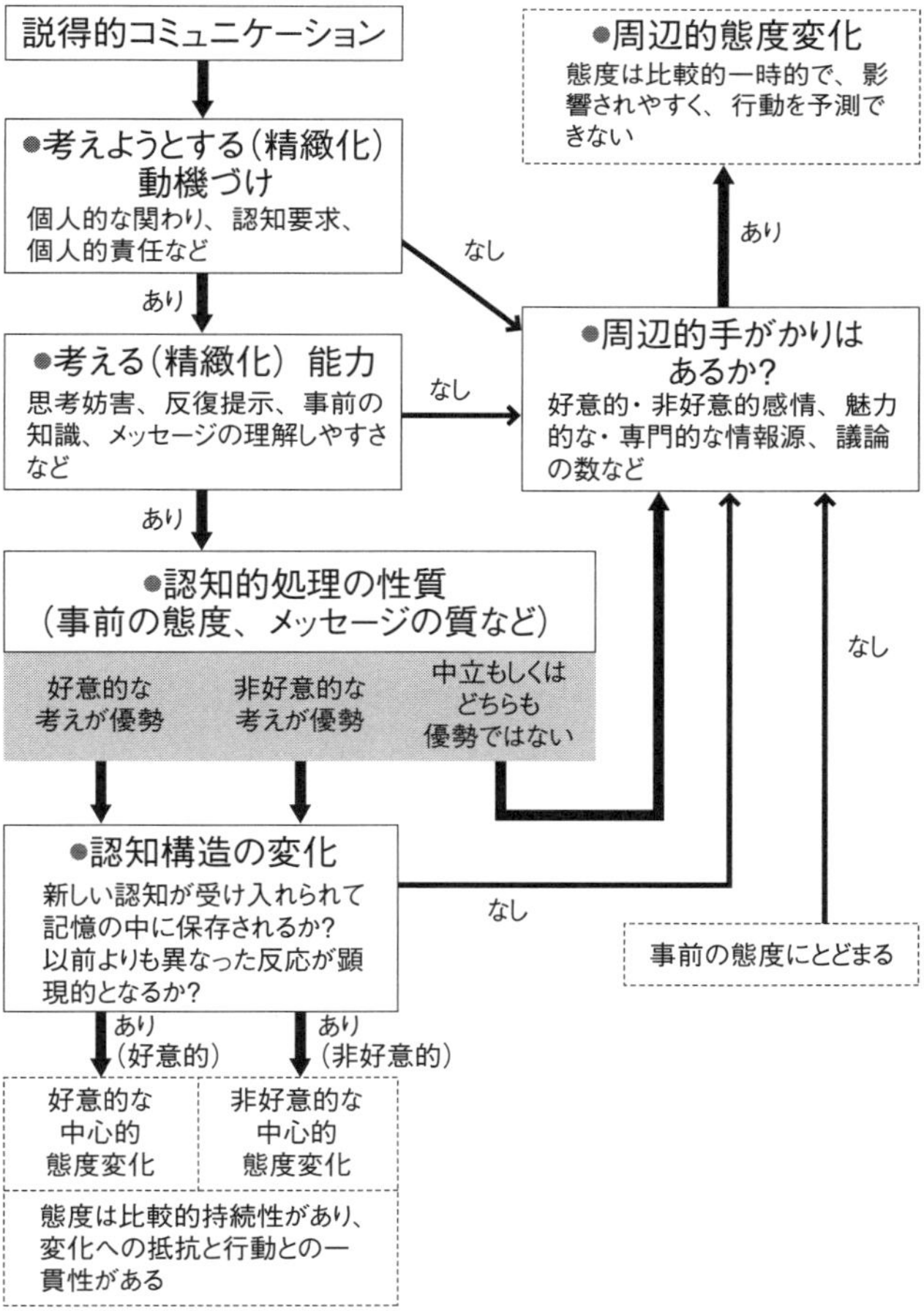

（ペティ＆カシオッポ、1986：土田、1989：長田、1996 を一部修正）

からないから、好きな芸能人がコマーシャルしている会社のものに決めてしまう人とか、スマホの見た目によって決める人、友達と同じ会社のものを選ぶ人は、周辺的ルートをとっていることになります。

（2）説得内容の重要度で処理の仕方が変わる

人は、説得内容が自分にとって重大である場合や、内容を吟味する思考スタイルをもつ人は中心的ルートによって内容を十分に検討します。内容にあまり関心がなかったり、内容が重要だったとしても、説得内容を検討する能力がなかったりする場合は周辺的ルートをとります。

説得内容の重要さと、説得内容の根拠の強さと、説得者の専門性についての関係を調べた実験があるので、紹介しましょう。

これは、ペティ、カシオッポ、ゴールドマンが大学生を対象に行った実験です。説得の内容は、卒業試験を導入するというものです。ひとつのグループには、来年度から導入されるべきだという、受け手自身に直接関わってくる主張をしました（高関与条件）。もう一方のグループには、10年後から実施されるべきだという、受け手には直接関係のない主張をしました（低関与条件）。そこに、その主張の出所を、地方の高校の授業で作成されたとする専門性の低い条件と、プリンストン大学の教授が議長を務める高等教育に関するカーネギー委員会によって作成されたとする専門性の高い条件を設けました。さらに、強い論拠をもつ説得内容と、弱い論拠の説得内容を設けました。

これらの関係を分析してみると、図３－２のようになります。

受け手自身に関わってくる高関与条件では、論拠の強いもののほうが弱いものよりも説得効果が認められました。一方、送り手の専門性については、あまり差は見られませんでした。これは、自分にとって重要だと感じることには、根拠が明確な情報をしっかり検討する中心的ルートをとる傾向があるが、周辺的ルートはとらない傾向が

図 3-2　中心的ルートと周辺的ルート

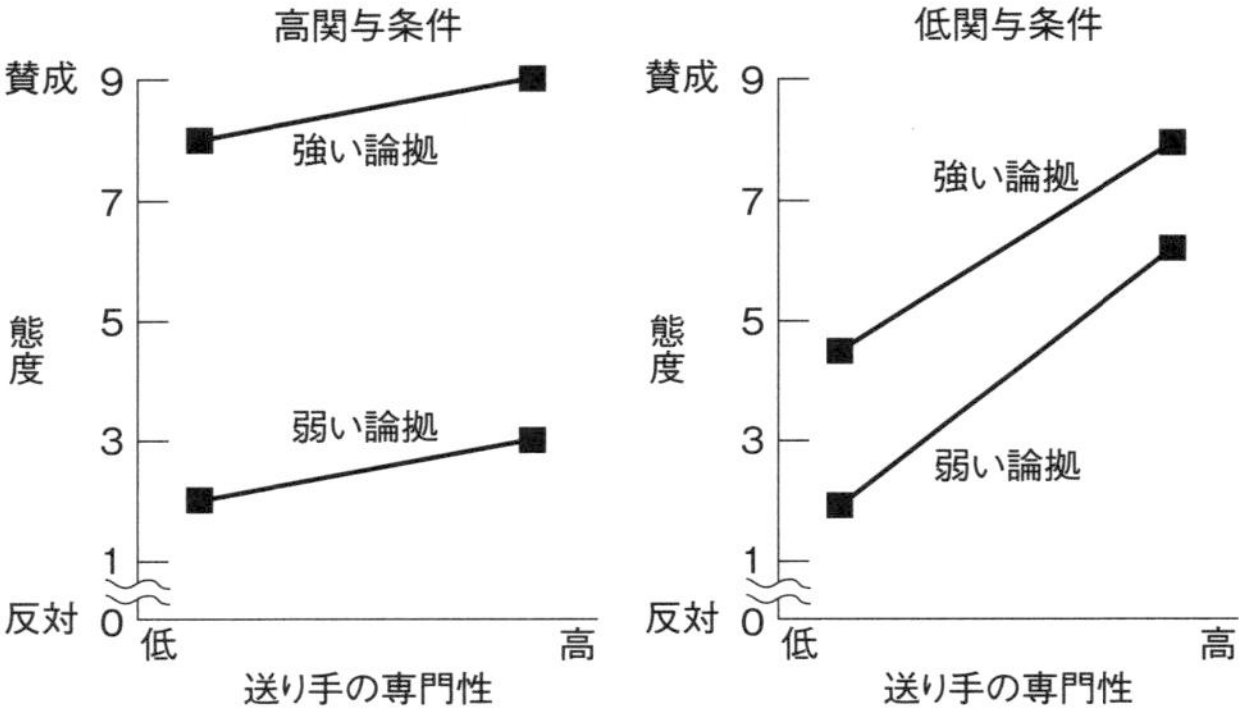

（ペティ、カシオッポ＆ゴールドマン、1981：松井、2002 を一部修正）

あることを示しています。また、中心的ルートをとって精緻化されたうえで説得された場合、その態度は変わりにくいようです。

受け手自身にあまり関係のない低関与条件では、論拠の強弱に差はそれほど見られませんでしたが、送り手の専門性が高いほど説得されやすいという結果が出ました。これは、自分にあまり関係ないことには、説得内容を詳しく検討する中心的ルートはとらない傾向があり、説得内容以外の要素に影響される周辺的ルートをとりやすいことを示しています。受け手にあまり関係ない内容で説得する場合は、専門家が言うのだから間違いないとか、百貨店で扱っている商品だから品質がいいに違いないという思考スタイルをとりがちです。また、担当者の感じがいいとか、商品イメージが好きだという感情的な要素で説得に応じることがあるし、逆に、説得者の感じが悪いと、いい内容でも説得できないことがあるので、雰囲気づくりにも注意が必要です。

防衛動機理論……恐怖アピールのもとになる理論

（１）恐怖アピールとは

恐怖を喚起させて説得するというやり方は、案外いろいろなところでとり入れられています。テレビで、「こんなちょっとした症状にも大病が潜んでいる」という健康ものの番組が放映されると、次の日、その病気を心配した人たちが医療機関に詰めかけるということがよく起こります。これは、恐怖アピールを使ったもので、テレビ番組制作者の恐怖アピールに説得されたということになります。家族や友達の間でも、「カロリーが高いものばかり食べると、血液がどろどろになるよ」とか、「遊んでばかりいると、受験に失敗するぞ」という会話はよくあります。浄水器の訪問販売員が、「浄水器をつけないとガンになる」と言って浄水器を勧めに来ることもあります。このように、恐怖アピールは、日常の説得によく使われています。

(2) 防衛動機理論のメカニズム

恐怖アピールのもとにある理論が防衛動機理論です。ロジャーズによれば、防衛的動機理論では、次に示す7つの認知要因が影響しているといいます（深田、1998）。禁煙を勧められている人の例を挙げながら説明します。

①内的報酬：受け手が不適応行動をとることによって得る快感や満足のこと

タバコを吸うと精神的に落ち着くということが内的報酬になります。

②外的報酬：不適応行動をとることで得られる社会的賞賛

今は健康のために禁煙が推奨されているので適切な例ではありませんが、昔の外国映画などで、パイプをふかすニヒルな感じが素敵と思われていた時代には、それが外的報酬になります。また、タバコを吸う人は、喫煙所や灰皿の周りに集まって、自然に仲良くなることがあるようです。こうしたタバコ仲間ができるということも外的報酬になります。

③深刻さ：不適応行動をとることで生じる危害の程度

タバコを吸うことで、呼吸器の病気になる確率が高まるということを認識すれば、深刻さは高くなります。

④生起確率：不適応行動をとることで、どのくらいの確率で危害が生じるか

たとえば、医学データで、何年以上の喫煙者は、○％の確率で肺ガンになるということを示されることです。ガンになる確率が高くなるほど、生起確率も高くなります。

⑤反応効果性：対処行動が危険を防ぐのにどの程度効果的か

今から禁煙すれば10年後に肺ガンになる確率が低下するというなら、反応効果性は高くなります。

⑥自己効力：対処行動をどの程度実行できるか

タバコの本数を徐々に減らして、3カ月後には完全にやめることができるだろうという自信がある人は自己効力が高い人。いったんやめてもきっとまた吸ってしまうだろうと思う人は自己効力の低い人です。

⑦反応コスト：対処行動をとるためにどれくらいの負担が生じるか

禁煙が、かなり苦しいと感じる人は反応コストの大きい人。それほど苦痛を伴わず、わりとあっさりやめられる人は小さい人です。タバコをやめることでタバコ代が減るのは、反応コストの減少を表します。

図 3-3　防衛動機を媒介する認知過程

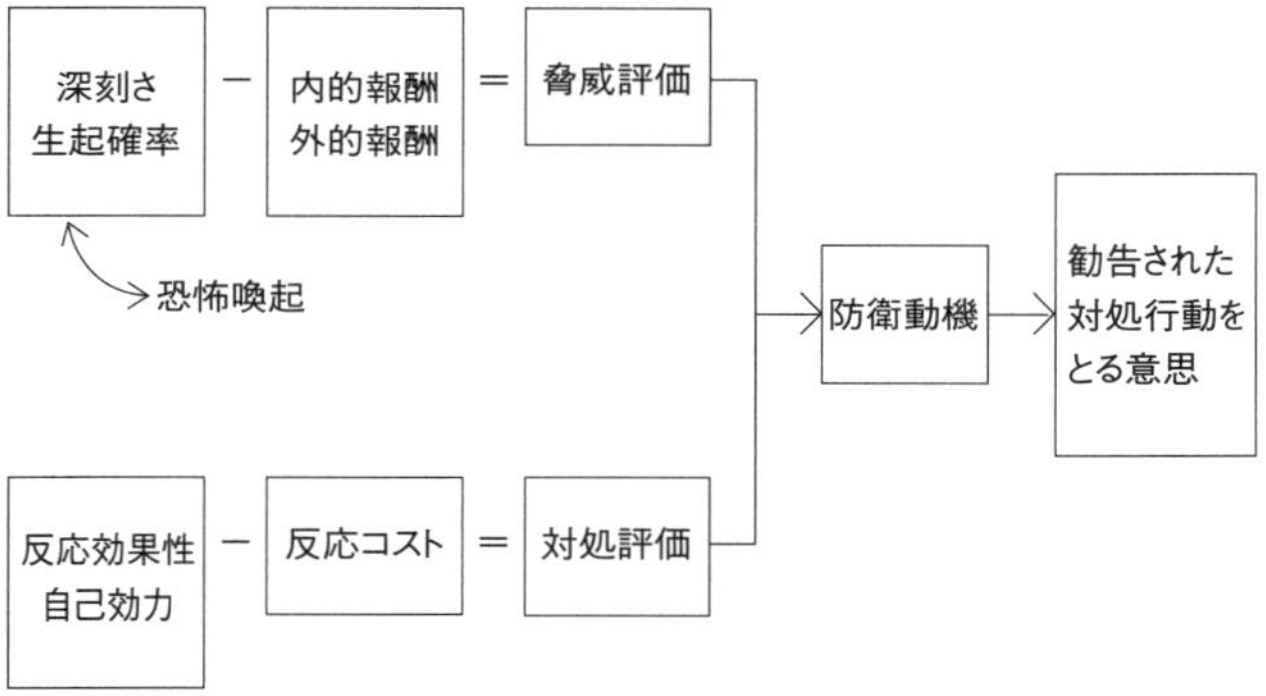

（Rogers, 1983 を一部修正：深田、1998）

（3）防衛動機理論の認知要因間の関連

図３－３は防衛動機を媒介する認知の流れを示しています。深刻さと生起確率が高く、内的報酬と外的報酬が低い人は脅威評価が高い。つまり、このままタバコを吸い続けたら、かなりの確率で呼吸器の病気にかかるだろうと思う人は恐怖を強く抱くというわけです。

また、反応効果性と自己効力が高く、反応コストが低い人は対処評価が高い。つまり、今から禁煙すれば、呼吸器疾患にかからないですむと信じることができ、多少きつくてもやり遂げる自信がある人は、対処評価が高くなるというわけです。

恐怖が強い（＝脅威評価が高い）場合、対処することができると思えれば（＝対処評価が高い）、防衛動機が高まって説得を受け入れやすくなります。ただし、対処評価が低い場合は、防衛動機は高まらず説得効果は望めません。

（4）恐怖は強すぎても逆効果

ということは、脅しが強ければ強いほど、説得を受け入れるようになるのかといえば、そんな単純なものではありません。

脅威評価が高すぎたり、対処する自信がなければ（＝対処評価が低い）、逆に説得を受け入れにくくなってしまうのです。

そのことを示す実験があります。

高校生を対象に、食後にきちんと歯を磨かないと歯や歯茎の病気になることをスライドで提示して、いい歯ブラシでしっかりと磨く習慣をつけさせるという説得を行いました。脅しの強さを三段階に設定したスライドを使い、どのグループがいちばん説得を受け入れたかを測定しました。

強い脅し条件では、歯磨きを怠るとさまざまな病気にかかり、重症になると、歯を抜いたり歯に穴を開けるという苦痛を伴う治療を受けなければならないという内容です。

中程度の脅し条件では、歯磨きを怠ると虫歯や歯周病になるから、きちんと磨かなければならないと、それほどひどくない虫歯のスライドを見せながら説きました。

弱い脅し条件では、歯磨きを怠ると虫歯になることがあるから、きちんと磨くべきだと、虫歯のレントゲン写真や健康な歯の写真をスライドで見せながら説明しました。

その結果、脅しが強いほうが、歯や歯茎の心配をしていました。これは、強い脅しによって脅威評価が高まったことを示しています。

ところが、歯磨きをするようになったかどうかを見ると、強い脅し条件では28%、中程度の脅し条件では44%、弱い脅し条件では50%が歯を磨くようになり、脅しが弱いほど歯磨きをするという結果になったのです。

これは、恐怖が強すぎると、心理的抑圧が働いてしまうためだと考えられます。あまりに怖くて、そのことについては考えたくないという思いが無意識に働いてしまうのです。つまり、脅しが強いほど脅威評価は高まるが、あまりに恐ろしくて自分の力では対処できないと判断すると、説得が功を奏しないというわけです。何とかなるという余地を残す程度の脅しが最も有効だということになります。

第4章

説得内容と提示方法

自明の理

誰が聞いても当たり前だと思うような見解のことを自明の理といいます。「早寝早起きはよいことだ」とか、「歯は磨かなければならない」といった当然のことに、それは本当だろうかといちいち疑う人はあまりいません。でも、よく考えてみると、当たり前と思っていることは、正しいかどうかをよく検討したうえでそう思っているわけではないでしょう。私たちは、当然のこととか常識といったことについて、あまりよく考えもせず信じている部分があります。

そこに、データを示しつつ、「体内リズムは人によって異なるので、早寝早起きをすると寿命が縮む人もいる」という見解に触れると、コロリとそれを信じてしまい、簡単に説得されてしまうことがあるのです。

つまり、自明の理に対して、当たり前すぎて検討を怠っているために無菌状態となり、その説を否定する説得に対して抵抗力をもっていないというわけです。私たちは体に免疫をもっていないと、菌に対する抵抗力がなく、病気にかかってしまいます。これと同様、自明の理のように心理的に免疫がないことには、逆説にコロリとやられてしまうのです。どうしたら、そんなことを防げるのでしょうか。じつは、これを防ぐための予防接種があるのです。

自明の理についての実験を見てみましょう。

「結核の早期発見のためには毎年X線検診を受けるべきである」

「ペニシリンは人類に多大な恩恵をもたらした」

「精神病は伝染しない」

「食後には歯を磨くべきだ」

まず、こうした当たり前の見解について、どれほど当たり前と思っているかについて測定しておきます。次に、これらに対する反論文を読ませます。たとえば、歯を磨くのはよいことだと信じられているが、必ずしも効果があるわけではないし、ときに歯を傷つけることがあるといったことを、科学的データを示しながら説きます。その後に再度どれくらい当たり前だと思っているかを測定すると、確信度は、反論文を読む前の5割も減少してしまいました。これで、自明の理がいかに危ういかがわかったと思います。

次に、予防接種の効果について調べます。じつは、調査協力者のうちの一部に自明の理を軽く反論する見解を読ませ、さらにその反論を論破して、やはり自明の理は正しいという見解を読ませておきます。これを論駁防御といいます。軽く反対の意見に触れさせておくことが予防接種になるわけです。すると、結果は、自明の理を確信する人が25％減っただけだったのです。

さらによくわかるデータがあります。マグアイアとパパジョージスの実験（古畑、1980）（図4－1）では、

①自明の理を支持する文をあらかじめ読む

②自明の理に反論する文と、それを論駁する文をあらかじめ読む

図 4-1　自明の理に対する防御・攻撃後の態度（数値が大きいほど、自明の理に対する信念水準が高いことを示す）（マグアイアとパパジョージスの実験）

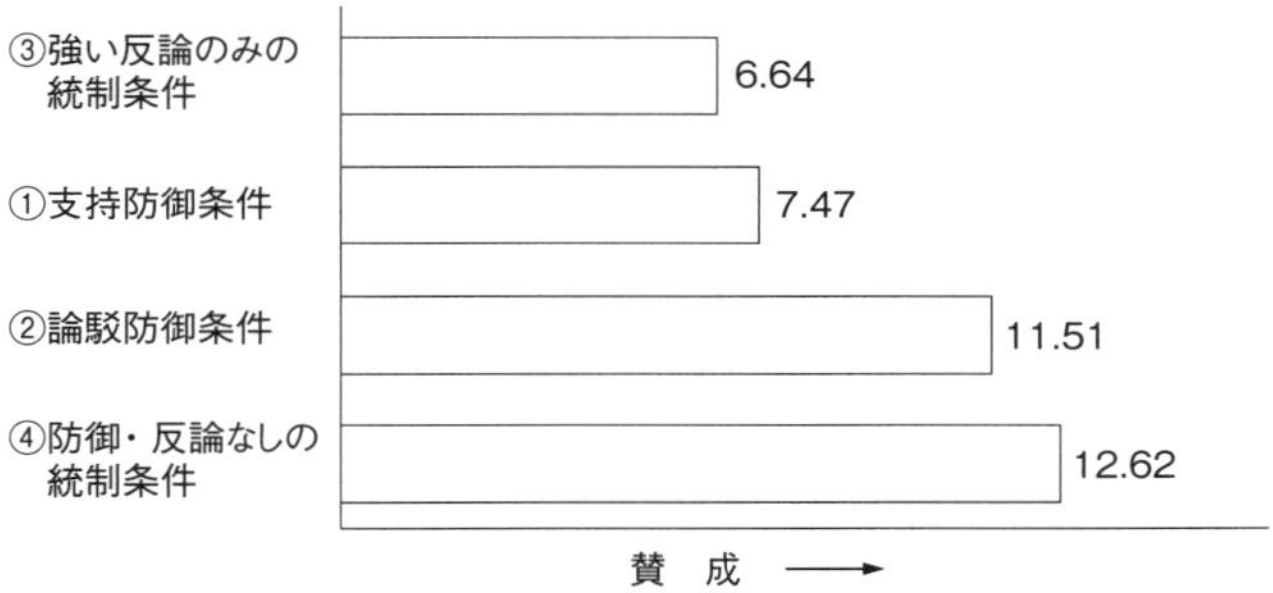

（古畑、1980）

①②については二日後に自明の理を攻撃する文章を読む。

③防御の文は読まずに自明の理を攻撃する文を読む

④防御、攻撃いずれの文も読まない

という条件が設けられ、それぞれに自明の理について賛成かどうかを尋ねました。その結果は上の図の通り、①が7・47、②が11・51、③が6・64、④が12・62となりました。予防接種を受けた群②は、何も操作をしない群④と同じ程度に自明の理を支持する結果になりました。

ここからわかることは、私たちは当たり

前だと思っていても、強く反論されると確信が崩れやすいということ。また、強力な反論に接する前に、軽い反論に触れてそれを覆す経験をしておけば、自明の理をもち続けやすいということです。

説得者は、そんなことは当たり前だろうと思って説明を怠ると、何かの拍子に受け手が反論に触れたりすれば、考えがコロリと変わってしまうかもしれないことを頭に入れておく必要があります。

あえてデメリットを言うことで信用してもらう

どんなことにも、良い面と悪い面が表裏一体になっています。これは、誰もがわかっていることです。第2章でも触れましたが、物事の一面に偏った話ばかりする人には、強引さがつきまとい、信用できないと感じがちです。メリットだけを述べる方法ではうまくいかない場合もあり、あまり得策とはいえません。

メリットだけでなくデメリットも併せて説明する人は、信用される傾向があります。わざわざ自分に不利益なことを言う人は、相手のことを考える誠実な人とみなされて信用され、話を聞き、受け入れる体制がつくられるわけです。

ある人は、布団店の訪問セールスの人が家にやってきて、「当社の羽毛布団は、実はあまりお勧めできないんです。中の羽毛にB級品を使っているからです。でも、毛布は一級品のカシミアを使っており、品質に自信があります。キャンペーン期間中だけこの価格でご提供できます。絶対にお勧めなんです」と言われたそうです。自社の製品の欠点まで話すのだから、誠実な営業マンだ。毛布の情報も真実だろうと信用し、購入を決めました。

ところが、これは営業テクニックだったのです。羽毛布団のキャンペーンになると、カシミア毛布の欠点を語り、羽毛布団を売り出すテクニックが用いられるようです。その手に乗って羽毛布団を買った知人が、やはりその会社の営業マンを商売っ気のない馬鹿正直な人だと思い、信用して、購入を決断したと語っていたということです。
このようにメリットだけでなくデメリットも伝える方法を両面提示法といいます。
それに対してメリットだけを伝える方法を一面提示法といいます。
それでは、ふたつの方法について、もう少し詳しく見ていきましょう。

一面提示法と両面提示法

説得内容に沿った意見だけで説明するのが一面提示法、説得内容と反対の立場からの意見も加えて説明するのが両面提示法です。

たとえば、電化製品を買おうとするときに、店の人が特定の商品の良いところばかり説明すると、「この商品をどんな手段を使ってでも売りたい」という気持ちがひしひしと伝わってきて、受け手は、強引で押しつけがましいといった気持ちを抱いてしまいます。また、選択の自由を奪われた気がして、すんなりとその商品を買う気持ちになれないものです。ほかの商品の説明もして、売りたい商品の欠点も示したうえで、総合的に見ればこの商品はお勧めですともっていけば、受け手が納得しやすくなります。

この一面提示と両面提示の効果を調べた実験があります。

第二次世界大戦中にアメリカで行われた実験で、約６００人の兵士に、ドイツが降伏した後、日本との戦争がまだどのくらい続くかという内容を語り、かなり長引くという結論を説くものでした。

一面提示群は、長引くことの根拠だけを示す説得を受けました。両面提示群は、こういう場合は早く終わるといった根拠を示したうえで、やはり長引くだろうという説得を受けました。

その結果は、各兵士がはじめにもっていた態度によって違いました。最初から長引くと考えていた兵士は、両面提示法よりも一面提示法のほうが「かなり長引く」に納得しました。最初は早く終わると考えていた兵士は、両面提示法での説明を受けた者のほうが、説得内容に意見を変えたのです。

この実験から、説得内容と同じ意見を持っている人には一面提示法が有効で、異なる意見を持っている人には両面提示法で説得に臨むほうが効果的だということがわかります。

ここで、逆の説得を受けた場合に、一面提示を受けた人と両面提示を受けた人のどちらが、最初の説得内容を支持するかということを示す実験を見てみましょう。

この実験は、アメリカで、ソ連が原子爆弾を開発したことを発表する少し前に実施されました。一面提示群では、ソ連が原爆を開発するのにあと5年以上はかかることを説く内容だけが示されました。両面提示群では、ソ連ではすでにかなり研究が進んでいることを述べつつ、開発にはあと5年以上はかかることが示されました。この段階で、説得内容に賛成かどうかを尋ねると、一面提示群と両面提示群との間に差はありませんでした。

その1週間後に、それぞれの群の半数に「ソ連がすでに核爆弾を開発しており、2年以内に大量生産に移るだろう」という逆の説得を受けさせました。

その後、再度意見を測定したところ、逆の説得を受けなかった群は、最初と同様に一面提示と両面提示とで差はほとんど見られませんでした。ところが、逆説得を受けた一面提示群では、逆説得の方に著しく意見が変わったのです。同じく逆説得を受けた両面提示群では、逆説得に意見が変わった人はほとんどいませんでした。

ここから、説得者が示す内容と逆の意見に後で触れる可能性がある場合には、両面提示をしておくと意見を覆すことが少ないことがわかります。仕事の場面に置き換えると、いったん説得できても、契約までに時間がある場合は、説得した内容を覆すような情報に触れる可能性もあるので、両面提示法で説得しておくのが効果的だと考えられます。

結論を示すか、相手に出させるか

人を説得する場合は、最初から「こうしてほしい」とか「こうすべきだ」という要望があるはずです。しかし、それを説得者から伝えたほうがよい場合と、受け手に導き出させるほうがよい場合があります。説得者が結論を示す方法を結論明示、受け手に導き出させる方法を結論保留といいます。

このどちらが説得に有効かは、条件や事例によって異なります。

たとえば、説得内容の重要度に関して見てみると、受け手にとって、受け入れても入れなくてもどちらでもよいような程度の内容だった場合は、あれこれ考える労力を費やすほうが心理的負担が高くなるので、結論を明示したほうがすんなりと話が進みやすいものです。逆に説得内容が受け手にとって重要な場合は、説得者が勝手に結論を提示すると選択の自由が奪われ、押しつけられた感じを与えるため、後からトラブルになることも少なくありません。受け手に結論を導かせておけば、後から後悔しても受け手自身の責任ということになり、トラブルを避けることができます。

受け手の知的レベルによっても異なります。受け手の知的レベルが高いときは、結論を保留にしたほうが説得を受け入れやすく、低い場合は、結論を明示するほうが効果的です。知的レベルが高いと、情報処理能力が高いため、与えられた材料で自分で考えて結論を導き出したほうが納得しやすいのです。一方、知的レベルが低いと、情報処理能力が低いため、こちらの説得内容を検討することができない可能性があるので、結論を明示した方が良いでしょう。

話の難易度によっても違います。話が複雑で専門的だった場合は、結論を明示したほうが説得効果が高くなります。話が入り組んでいて高次であれば、専門家以外はよくわからず、結論を自分で導き出すことが難しくなります。よくわからないと、「まあいいか」という気持ちになり、考えるのをやめてしまって、説得が失敗に終わることもよくあることです。最近は医療機関で病状を率直に告げられ、治療方法を患者自身に選ばせるところも多いですが、医師からどんなに説明を受けても、なかなか決断はしにくいものです。医師が利点や弊害を述べつつ、「こうしたほうがいいように思うが、どうでしょうか」という助け舟を出さないと、自ら答を出せない人もいます。

このほか、説得者に不信感をもっている場合は、結論を明示されると、その結論に不信感を抱くこともあるので注意が必要です。

話のヤマをどこに位置づけるか

話のヤマをどこにもってくるかで、説得効果が変わることがあります。

導入から入って徐々に説明し話のヤマを最後にもってくるのが、クライマックス効果を狙った手法、最初にヤマをもってきてその説明を後から話すのが、アンチ・クライマックス効果を狙った手法です。

どちらが効果的かというのは、受け手の関心のもち具合いに応じて変わってきます。受け手が最初から説得の話題に興味を示している場合や説得者に関心が向いている場合は、クライマックス法が効果的です。最初から、どんな話をするのかに関心を向けているので、根気よく話を聞き続けます。ひとつひとつの事柄に納得しながら、次の流れを待っています。最初から聞く姿勢をもっているので、物語のように順序よく話をし、少しずつ証拠固めをしていくと話の魅力が高まり、最後の結論では深く納得し、説得内容を受け入れる気持ちが高まります。

逆に、受け手の関心が話題や説得者にあまり向いていない場合は、アンチ・クライマックス法のほうが効果的です。注意が向いていないときは、もとから話を聞く姿勢もないので、段階を踏まえて話をしても、話の方向が見えず、途中で聞いてもらえなくなる危険性があります。

発信元がよくわからないインターネット上の広告では、最初から段階を踏んで説明するクライマックス法では目にもとまりません。最初に話のヤマを明確にしないと、何が言いたいのかわからず読む気にもなれないものです。こんないい話があるということを最初に伝えてインパクトを与え、関心が向いたところに、明確な根拠とともに説明すると、納得してもらえる可能性が高まります。

論点は単純明快に伝える

物事を判断するとき、与えられる情報が多ければ多いほど有利なのでしょうか。その分野に精通していて、情報処理能力の高い人は、多いほうがよいというかもしれません。ですが、初めて聞く話や、あまりよく知らない分野の話では、多くの情報が氾濫していると、よけいに混乱するものです。

また、起こったことを流れに沿って順に話していけば、相手にうまく伝わるというわけでもありません。起こったことには、説得内容に深く関係しているものもあれば、少ししか関係しないものもあります。順を追って全て話しても、かえって焦点がぼやけて話がわかりにくくなってしまいます。

説得したいときは、話を単純にわかりやすくすることが大切です。話の構造が複雑で、あちこちに話題が飛んでしまうようでは、大筋が見えず、聞いているほうもいやになってきます。論点を明確にするために、枝葉末節を切り捨て、単純明快な道筋をつけて、受け手に聞く耳をもたせましょう。

いったん話の骨子が伝わり、どこに向かっているかがわかれば、その後の説明もスムーズに理解できます。細かい説明を後にすることで、かえって受け手の「それは、なぜ？」という気持ちを掻き立てることにもなり、そうなれば、かなり話に引き込んだことになります。

最初にポイントの数を示しておくやり方も有効です。

「今回、お話したいことは3点あります」とあらかじめ言っておくことにより、受け手の頭に３つ分の心構えができ、聞く態勢が整います。ひとつ目の話を聞いているとき、「なるほど。あとふたつあるのだな」と思い、聞く態勢を崩すことはありません。人は方向性が見えないとき、聞く気力が失せてしまいます。マラソンをしていても、今どの地点を走っていて、後どのくらいでゴールなのかがわからないと、ペース配分ができず、気力をうまくコントロールできません。それと同じで、後どのくらい話があるのかを示すことによって、今話している内容に集中させることができるのです。

データで示すと説得力が増す

私たちは、概念では、「それは本当だろうか」と疑ってかかるようなことも、数字で示されると、簡単に納得してしまうところがあります。理論的に話を組み立てても、「なるほど、たしかにそうかもしれない。でも、この話はうますぎるな」と警戒心を抱くことも往々にしてあります。こうしたためらいも、データを示すことで、とり除くことができます。データが、説を裏づける証拠となって、「なるほど」と納得してしまうのです。

では、実際に例を見てみましょう。

ア：当社の今期の営業利益は、前年に比べて伸びている

イ：当社の今期の営業利益は２億４０００万円で、前年に比べて20％伸びている。

アとイのどちらに説得力があるでしょうか。数字を示しているイのほうに説得力があるのは明らかだと思います。漠然と「営業利益が前年より伸びている」と言われても、どれくらい望ましいことなのかよくわかりません。数字で金額や比率を示されれば、納得せざるを得ません。

また、他社との比較をすると、この業界で伸びている会社なのか、伸び方が今ひとつなのかがわかります。図４－２のグラフを見てください。

グラフ①を見ると、Ａ社の売り上げが伸びているのがわかります。ところが、どのくらい成長力のある会社なのかはよくわかりません。グラフ②は、同じ業界の会社の

図 4-2

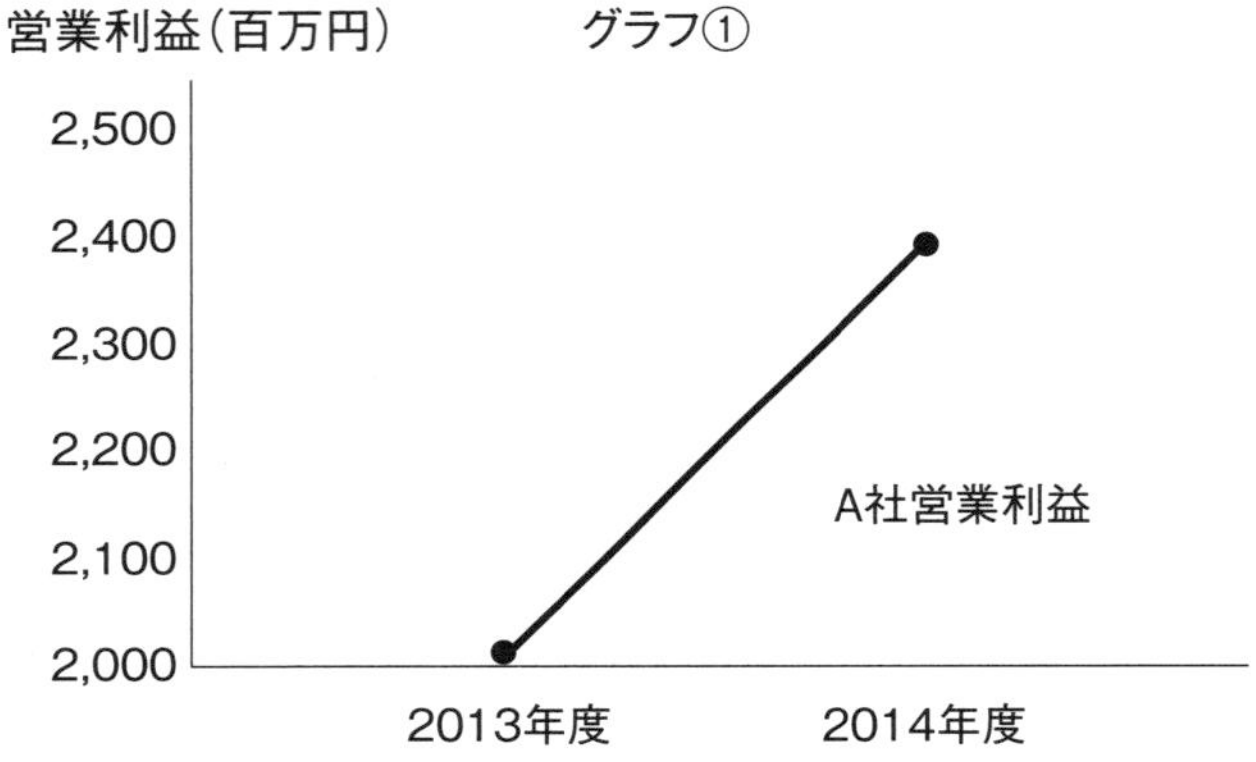
営業利益（百万円）
グラフ①
2,500
2,400
2,300
2,200
2,100
2,000
A社営業利益
2013年度
2014年度

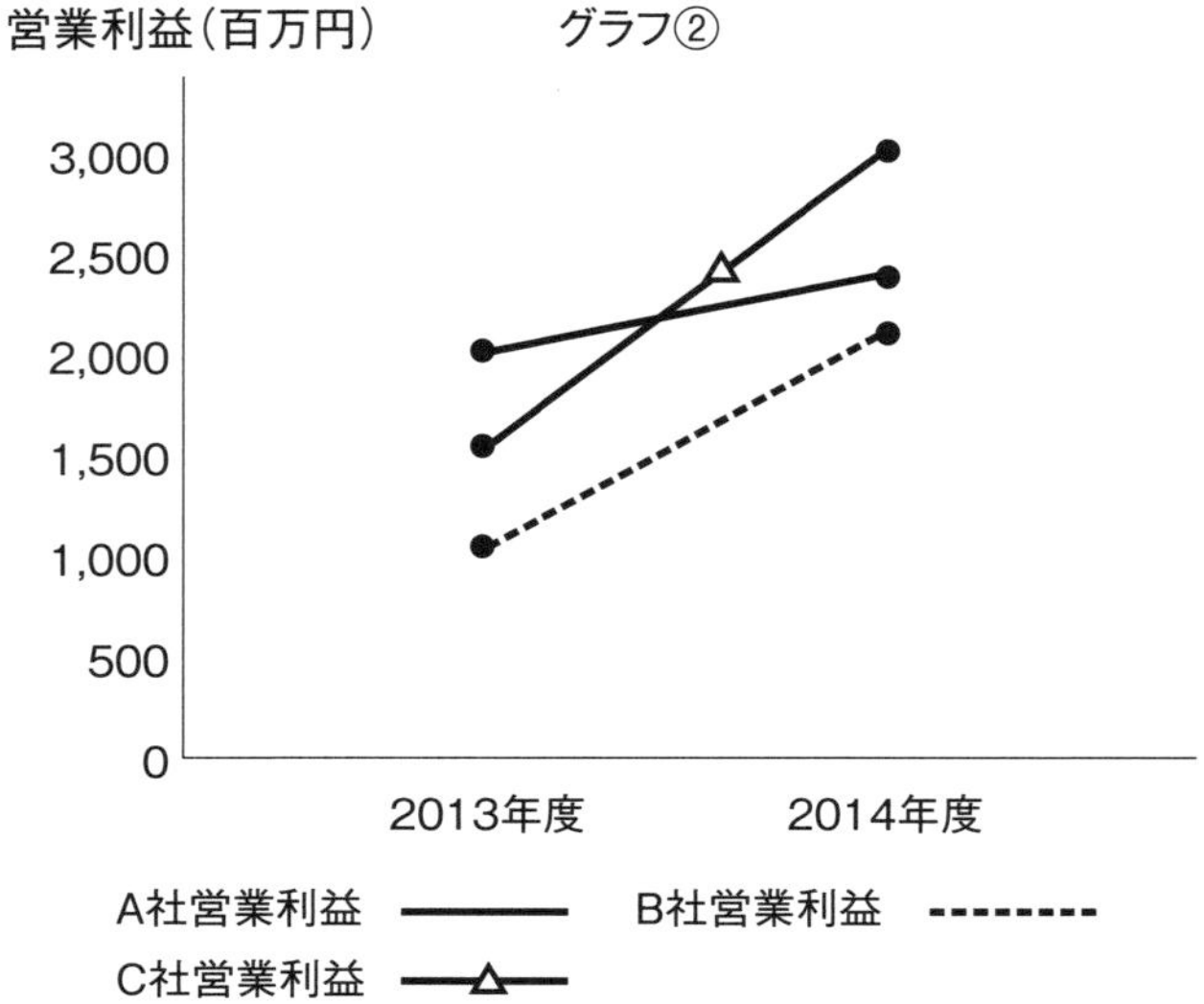
営業利益（百万円）
グラフ②
3,000
2,500
2,000
1,500
1,000
500
0
2013年度
2014年度
A社営業利益
B社営業利益
C社営業利益

図4-3

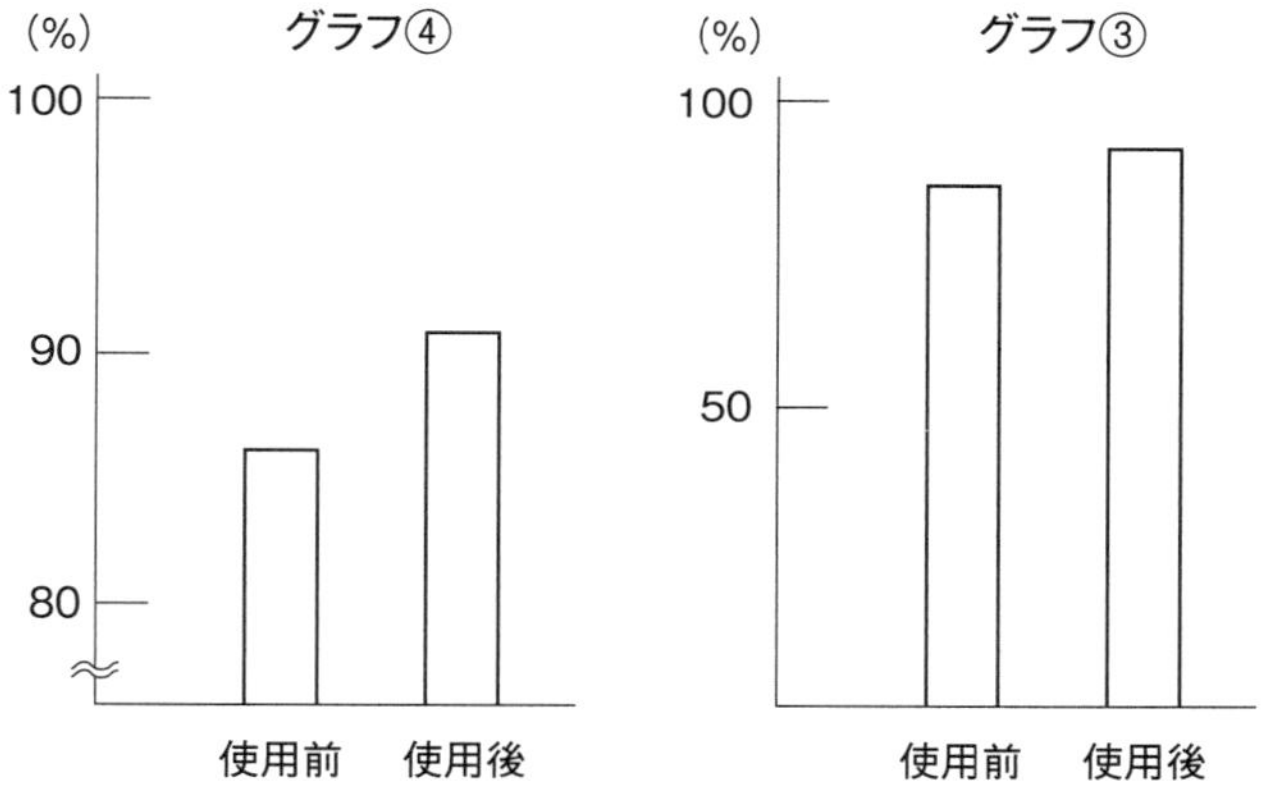

売り上げを比較したグラフです。これを見ると、どの会社がどのくらい成長しているのかが比較できて、A社の業界内での成長率がひと目でわかります。

また、あまり差がないデータを、加工することで差があるように見せることができます。

図4－3グラフを見てください。

グラフ③は、0から100％まで全て入れたグラフですが、差がわかりにくくなっています。これを示して「効果がある」と言っても、あまり説得力がありません。グラフ④は、80～100％の部分のみを示しています。差が顕著になって、効果がわかりやすく示されています。このように、データを加工して、説得力を高める方法もあります。

フローチャート

企画のプレゼンテーションや、業務の流れを可視化する必要がある現場では、フローチャートがあると、効率的に説得できます。

フローチャートとは流れ図のことで、話の要素、構成要素間の関係、目的、手段、予想される結果などが示されます。

プレゼンテーションの場では、複雑な内容を体系づけて話さなければなりません。話すほうも大変ですが、聞く側の立場になってみると、ひとつひとつ示される材料を、自分の頭の中でつなげて流れをつくらなければならず、時間と労力を伴います。手元の資料に、全体の流れを示したフローチャートがあれば、それに沿って話を聞くことができ、話がすんなりと頭に入ってきます。

作業の内容をフローチャートに図式化しておくと、流れが一目瞭然で、現場で作業をする人が間違いを起こしにくいという利点もあります。どんなに口頭で詳しく説明しても、聞き逃したり、忘れてしまったりということもあるので、フローチャートを壁に貼ったり、手元に残すようにしたりすると、複数の作業員がいる現場でもミスなく業務を遂行することができます。

作業工程を示すフローチャートは、それぞれの現場によって示し方も異なると思いますが、ここでは、社内の改善点を検討する会議で使うフローチャートのつくり方について説明しましょう（図４－４）。

まずは話の素材を集め、それを次の要領で並べ替えてみましょう。

ラベル１：提案内容（こうすべきである）

ラベル２：背景となっている現状（こんなことが起こっている）

図4-4　フローチャートの作り方

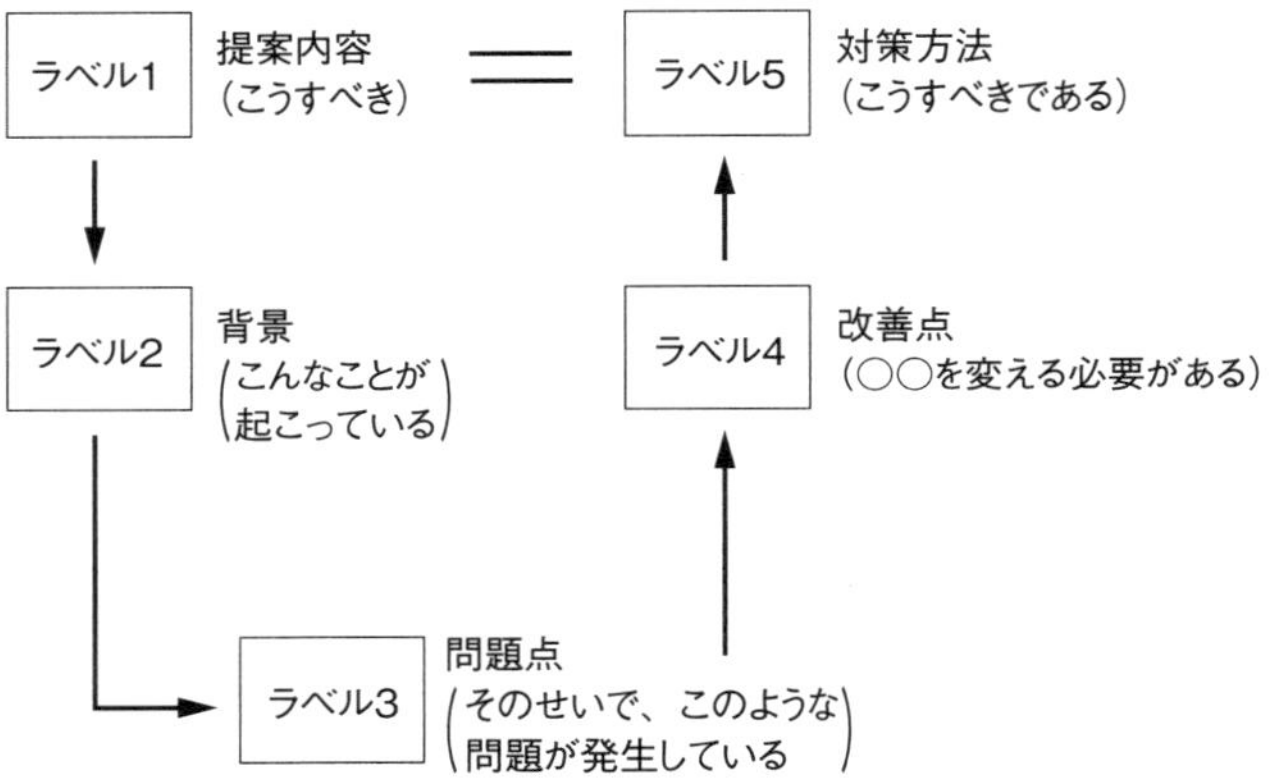

ラベル3：問題点（そのせいで、このような問題が発生している）

ラベル4：改善点（○○を変える必要がある）

ラベル5：対策方法（こうすべきである、ラベル1と同じになるはず）

素材ごとに見出しをつけ、囲んで表します。それらを実線や矢印などでつなぎ、因果関係がわかるようにします。説明をシミュレーションしながら、ラベル間の接続に矛盾はないか、全体の流れはわかりやすいものになっているかを何度も検討し、完成させましょう。フローチャートの作成は、受け手の理解を促すだけでなく、説得者も、説明でうっかり見落としていることや、もっと強化したほうがいい部分に気づくことができ、説得効果を高めるのに非常に有効です。

五感に訴える

頭で理解するのと、五感を使う体験を通して理解するのとでは、理解の度合いが違います。

学校や職場で行われる避難訓練は、体験を通して理解を深めようというものです。頭で理解していても実際に体験していないと、いざ火事が起こったときにうまく逃げられないし、消火器を使う、非常ボタンを押す、消防署に通報するなど、うまく対処することができません。どんなに観念だけでわかっていても、実際に役に立たなければば何の意味もありません。

２０１１年に起きた東日本大震災のときに、被災地では、津波が来ることを想定して、小学生が高い所に逃げようと家族を説得したと聞きました。これは、日頃から地震が起こった後に津波が来たときの訓練を学校でしていたからできたことです。頭でわかっていても、体で動けるとは限りません。これは体験が活かされた例です。

ビジネス研修でも、体験型のものがあります。傾聴研修では、実際に語り役と聞き役の両方を演じて、聞く姿勢によっていかに語りやすさが変わるかを体験します。これも、話を聞いているだけよりもはるかに聞き手の気持ちがよく理解でき、知識が身になるわけです。

体験するとしないとでは、なぜこんなに理解度が違うのでしょうか。

それは、話を聞いたり読んだりして理解することは、聞き手の想像力によるものだからです。聞き手が、これまで体験してきた経験からなる想像力を頼りに、相手の話を解釈するわけです。当然、人によって解釈は違うので、誤解や伝え切れないことが生じてしまいます。これを補い、伝えたいことをできる限り忠実に伝えることができるのが、五感を使って体験させるやり方なのです。

自動車の試乗をしたり、住宅展示場でキッチンの使い勝手を確認したり、スーパーでの試食、化粧品の塗り心地や香りを試してみたりと、体験によって納得したり気に入ったりすれば、購入する確率が高まります。就職前のインターンシップなどもその一例です。

また、複数の感覚を使うことは、記憶の定着にもつながります。榎本の記憶論によれば、記憶を定着させるコツは、複数のチャンネルを併用することだといいます（榎本博明著『記憶の整理術』ＰＨＰ新書）。いくつかの感覚を使う体験型を用いて記憶として定着させ、忘れないようにすることができます。

このように、受け手に正確な情報を伝え、忘れさせないためには、複数の感覚を刺激する体験をさせることが重要なのです。

たとえ話で理解させる

人を上手に説得する人は、わかりやすいたとえ話をうまく使っています。

子どもに言い聞かせようとするとき、たとえ話をうまく使うと、すんなりと理解させることができます。

夏休みの宿題をなかなかしない小学校低学年の子どもに、毎日計画的に宿題をこなすよう注意をしても、「後でまとめてやるから、大丈夫だよ」と言って、なかなかやりません。しかし、夏休みが終わる2、3日前に慌ててやり始めて、始業式の前日の夜中になっても終わらないことは目に見えている。そんなとき、あなたなら、どうやって説得しますか。

強制的に叱りつけてやらせても、子どもは無視して遊び続けるか、いやいややり始め、なかなか進まない。そんな状態に陥るのが落ちです。ここで、ウサギとカメのたとえ話をして、コツコツやることの大切さ、怠けていると後から大変なことになることを暗示すると、子どもの腹に落ちて納得し、行動する確率が高まります。

理由がよくわからない状態でただガミガミ叱られても、なかなか聞き入れられませんが、未熟で経験の浅い子どもの立ち位置に沿ったたとえ話をすれば、子どもは納得することができるので、態度を変えるわけです。

大人でも同じことがいえます。人はそれぞれ理解の枠組みが違いますから、なかなか理解し合うことはできません。とくに説得になると、こちらの意見を聞き入れてもらいたいわけですから、乗り気でない相手をその気にさせるのはいっそう難しい作業になります。そんなとき、相手の理解の枠組みに合わせて、相手にとって身近な例を挙げつつ説明すると、スッと頭に入ってくるものです。たとえ話が理解の助けになるのです。

たとえば、人間は誰でもお金を最重要視するものだと思い込んでいる人に、そうではない人もいることをわからせるのは至難の業です。そんなとき、たとえば、メジャーリーグを自由契約となり、阪神から復帰を熱望されていたにもかかわらず「必要とされるところでやりたい」と、報酬の少ない四国アイランドリーグでプレーする道を選んだ藤川球児投手の話をしたら、お金だけがすべてじゃない人もいるとわかってくれるのではないでしょうか。

たとえ話には、話を理解させる手助けになることだけでなく、ほかの効果もあります。

間違いを注意したり指摘したりするとき、たとえ話を入れることによって、婉曲《えんきょく》な表現になります。悪かったことを直接批判すると拒絶反応を示しやすいのですが、たとえ話を交えることでやんわりした表現になるので、受け入れる態勢がつくられ、説得の成功につながるのです。

受け手自身のたとえ話で気づきを促す

受け手自身の行動をたとえ話として使って、気づきを与える方法もあります。

Eさんは、業績が上がらないことを気にする部下から、「お客さんに商品説明がなかなかうまくできないので才能がないと思う。部署を変えてほしい」と申し出を受けました。もっと商品の勉強をするようアドバイスしたのですが、

「商品の勉強はやってます。もともと説明能力がないから勉強しても無理なんです」と言う。Eさんから見れば、明らかに勉強不足なのに、「説明能力がない」の一点張りで聞き入れようとしません。そこで、Eさんはどうしたのでしょうか。

Eさんは、その部下が社員旅行の候補地を選び出し、会議で見事な説明をしてみんなを説得した話を思い出しました。

「そういえば、社員旅行先を決める会議のとき、君はうまい説明でみんなを納得させ

たなあ。旅行が趣味だと言ってたが、やっぱり熱意が伝わったんだろうな。あのときを思い出すと、説明能力がないとはどうしても思えないんだが。もう少し、商品のことを勉強したら、あのときのように熱意が伝わるんじゃないか」

Eさんがそう言うと、部下もハッとして、商品について勉強し直すという話に落ち着いたそうです。

物事がうまくいかなかったときに、努力・スキル・コンディションが不足していると考えるタイプと、能力や適性がないと思うタイプがいます。前者の場合はさらに努力しようとモチベーションを高めますが、後者の場合は、やる気を失ってしまう恐れがあります。誰にでもうまくいった経験はあるはずです。成功例を使って思い込みの縛りを解いてみると、案外説得に応じるものです。

立ち聞きは信じられやすい

書店の新刊書のコーナーで、たくさんある中からどれにしようか選んでいると、「この本すごく面白いらしいよ。部下の教育に困ってるビジネスマンの心に刺さるって、ネットで盛り上がってるみたいよ」

「たしかに面白そうだね。買ってみよう」

こんな会話が聞こえてくると、そんなに面白いのかと興味がそそられ、自分も買ってみる。そんな人は多いのではないでしょうか。

漏れ聞くということは、とても説得力があるのです。

面と向かって褒められると、「お世辞かな」と思ったり、「何か頼みごとでもあるのかな」と疑ったりして、素直に受け入れにくいものです。それに比べて、誰かがほかの人にあなたのことを褒めているのを偶然隣の部屋で耳にしたりすると、とても嬉しくなるものです。

これは、本人のいないところでは、お世辞を言うとか、相手の気持ちに影響を与えようという操作的な気持ちではなく、ホンネで言っているのだろうと信じることができるからです。

漏れ聞くことによって説得効果が高まることを、心理学ではオーバーハード・コミュニケーションと呼ばれています。オーバーハード・コミュニケーションの説得効果を証明する実験があります。

工場見学に調査協力者を招待します。見学の途中で待合室にしばらくいる時間があるのですが、その部屋から、その会社の製品の優れているところを説明している社員訓練の様子がさりげなく見えるように仕組まれていました。後日、招待客に調査すると、その会社の製品を非常に高く評価するという結果が出たのです。これは、見学者が偶然その場に居合わせただけで、訓練の場にいる社員には見学者のことはわからないので、操作的な意思はなく真実なのだろうと判断して、その情報を信じたわけです。

漏れ聞くことの効果を示した実例があります。昭和48年に起こった、愛知県にある豊川信用金庫の取りつけ騒ぎです。これは、豊川信用金庫に就職が内定したある女子高生が、通学中に友達と会話をしていて、その友達が言った「信用金庫なんて危ないわよ」という事実無根の言葉がさまざまな人を介して広まり、延べ人数６６００人が、数日間に約20億円の預金を豊川信金から引き出したという事件です。漏れ聞くことの効果はあなどれないことがわかるでしょう。

ポジティブな状態をつくる

人は、ポジティブな気分のときは説得を受け入れやすく、ネガティブな気分のときは説得に応じる気持ちになりにくいものです。

誰もが、そのことに何となく気づいていて、頼み事があるときには、ごまをすったり、お世辞を言ったり、ちょっとしたプレゼントを渡して、相手をいい気分にさせようとします。

ネガティブな気分のときは、話しかけられても、あまり身を入れて聞くことができないものです。自分の中にモヤモヤした気持が渦巻いて、気分が晴れ晴れしません。頭がクリアでないので、思考能力が低下し、根気よく相手の話を聞くことができないのです。誰かから説得を受けても、話の内容を精査して、聞き入れるべきかどうかの検討をするという作業に積極的になれません。

ポジティブな気分のときは、人の意見を聞く余裕があって情報処理する能力が高まっているので、積極的に耳を傾け、解釈しようとします。そうすると、内容をよく理解し、よく考えて判断しようとするので、説得に応じやすいのです。

このことを示す実験を紹介しましょう。

大学生に、ミネラルウォーターについての広告文を読ませて、その後試飲したり購入したかを測定したものです。この実験では、感情と広告文の論拠の強さが操作

図 4-5　ポジティブ感情がメッセージの精緻化に与える影響

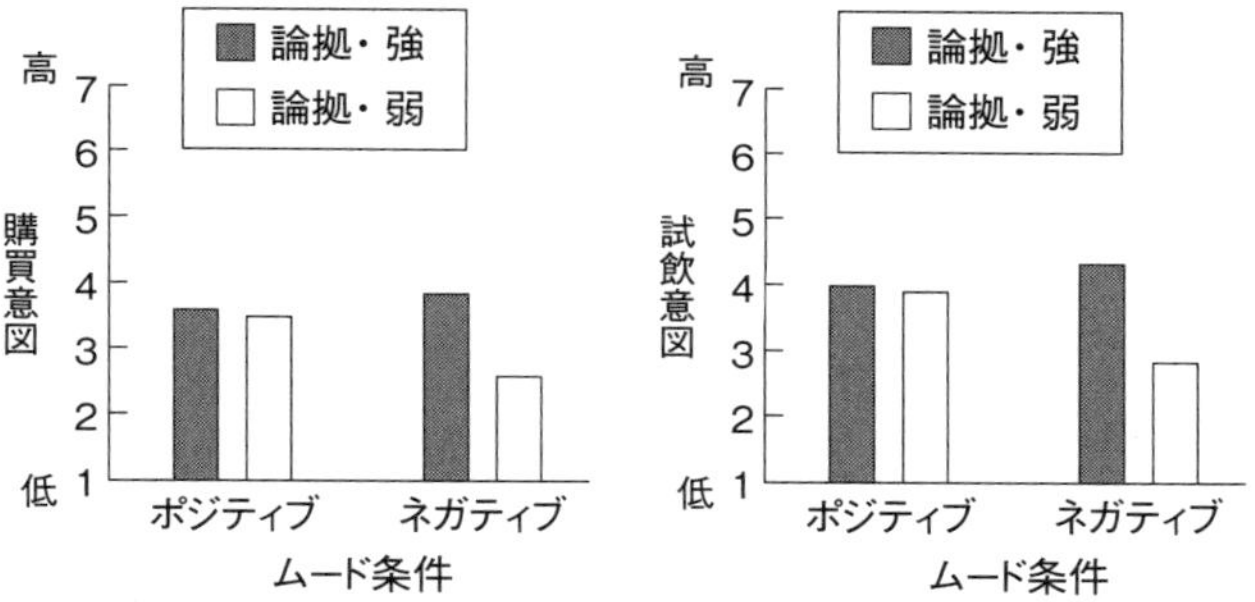

注）評定値が高いほど説得的メッセージ〈ミネラルウォーターに関する広告文章として提示〉の唱導方向へ賛成していることを示す。

（厚・山本、1995：松井、2002）

されました。まず最初に、半分の学生には楽しかった出来事を思い出させ（ポジティブ感情条件）、もう半分には不快だった出来事を思い出させました（ネガティブ感情条件）。そうして感情をコントロールしたところに、ポジティブ感情条件とネガティブ感情条件のそれぞれ半分の学生には論拠の強い広告文を読ませ、もう半分には論拠の弱いものを読ませました。そうしておいて、ミネラルウォーターの試飲数と購入数を測ったところ、図４－５のような結果になりました。

ネガティブ感情を抱いたグループでは、

論拠の強い広告文を読んだ群のほうがミネラルウォーターを試飲したり購入したりした数が多かったのですが、ポジティブ感情を抱いたグループでは、論拠の強弱による差がなかったのです。

これはどういうことを表しているかといえば、ポジティブな気分の人は、論拠の強弱で情報を処理して判断するよりも、そのときの感情という周辺的ルート（第3章参照）によって態度を変えてしまったということです。つまり、雰囲気や勢いでつられたということになります。また、人はポジティブな気分のときは、今の状況が安全だから自分はポジティブな気分でいるんだと思い込み、この説得も安全だと判断し、よく考えないで受け入れてしまうという説もあります。

このように、相手をポジティブな気分にすることは、話を受け入れやすい状況をつくることになり、説得にかなり有効であるといえます。

選択肢を制限する

たくさんあるほうが選択の幅が広がるし、選ぶ人の好みに合うものがあるかもしれないから、選択肢は多いに越したことはない。そう思っている人はきっと多いと思います。ところが、実際は逆で、選択肢が多いほうが決断しにくいのです。これはどういったことなのでしょうか。

たとえば、今月の新刊書を買うため、書店に赴いたときのことを考えてみましょう。目的のシリーズが今月は５冊出ています。ぱらぱらめくって選んでいると、これも面白いかもしれないし、あのテーマにも興味がある。こっちもいいかもしれないと、あれこれ悩んだ挙句、混乱してきて、「また今度にしよう」と買わずに帰ってしまう。そういう人が多いようです。

次に、スーパーに買い物に行ったときのことを考えてください。

洗剤を買おうとしても、洗剤コーナーにあまりにも多くの種類の品物が並んでいると、見た瞬間に「面倒だな」と思ってしまいます。商品の裏に小さな字で書いてある説明書きを読んで、どれが皮膚に優しくて、どれが洗浄力が強くて、どれが環境を汚さないものか。香りはどれがいいか。コストパフォーマンスはどれがいちばんいいかなど、ひとつひとつ検討していくうちに、思考力が鈍り、だんだん面倒になってきて、どれでもよくなったり、まだ残っているから今度にしようと売り場を立ち去ることも多いものです。

こういったことが起きるのは、人間の認知能力には限界があり、あまりに多くの情報を与えられると情報負荷が大きくなりすぎて、判断が鈍ってしまうせいなのです。情報量や選択肢が多すぎると、考えているうちによくわからなくなってしまって、また今度にしようということになってしまいます。二択か三択にすれば、好き嫌い、必要不必要の度合いもはっきりしてくるので、選びやすいのです。確実に選ばせたいときには、選択肢を少なくすること。これは、説得上、押さえておくべきポイントです。

逆にわざと情報量を多くして判断能力を鈍らせ、不都合な面に目を向けさせないようにして契約させせてしまう悪質な説得者もいるので（第6章「悪意に満ちたディストラクション」参照）、説得を受ける立場のときは、十分な注意が必要です。

第5章

説得しやすい心理状況をつくる

口ベタだからこそうまくいく

説得の第一歩は、「この人の話をちゃんと聴いてみよう」と思わせることです。そのためには一緒にいて気持ちのよい相手だと思ってもらう必要があります。

「あの人は気持ちいい人だなあ」「一緒にいてホッとするなあ」と思う人を思い浮かべてみてください。多くの人が思い浮かべるのは、いつも話の輪の中心にいて饒舌にしゃべって周囲を笑わせている人ではなく、人の話にじっくり耳を傾けてくれる人なのではないでしょうか。

話し上手な人のおしゃべりは、楽しいし思い切り笑えることがあっても、一緒にいてこちらの気持ちがラクになったり、ホッとしたりということにはなりにくいものです。それは、話し上手な人は自分中心に動いているからです。人の話を聴くのはエネルギーがいるものです。ゆえに、一方的にまくし立てる人を前にすると、いくら面白おかしい話であっても、しだいに疲れてきます。

それに対して聴き上手な人は相手中心に動きます。こちらの話を関心をもって聴いてくれる。こちらの思いに共感しながら聴いてくれる。だから一緒にいて気持ちがいいのです。

話し上手がよくないということではありません。話し上手でも聴き上手を兼ねることを目指せばよいのですが、話し上手だとついつい自分がしゃべりすぎてしまいます。その点、口ベタな人は、話しすぎるということはないので、聴き手に回って相手に十分しゃべらせるという点で非常に有利なわけです。

説得上手な人は、自分より相手に多くしゃべらせることを心がけています。相手に多くしゃべらせるとなぜうまくいくのかといえば、今の時代、饒舌な人が多いのに対して、人の話を関心をもってじっと聴いていられる人が少ないからです。

自分のことで精いっぱいで、人の話にじっくりつき合う余裕がないのでしょう。カウンセリングがもてはやされる理由もそこにあります。ホステスやホストに高いお金を払うのも、自分の話にじっくり耳を傾けてくれる相手が身近にいないからだといえます。

そんな淋しい時代だからこそ、聴き上手が大きな価値をもつのです。

説得したいという思いがあると、ついこちらの言いたいことばかりをまくし立ててしまいがちですが、説得を成功させたいのなら、しゃべりたい衝動を抑えて、相手に気持ちよくしゃべらせるように聴き手に回るように心がけることです。一緒にいて気持ちいい人と思われることで、相手はこちらの話に本気で耳と心を開いてくれるようになるのです。

説得上手な人はなぜ共通点を探そうとするのか

説得上手な人は、雑談で盛り上がることができます。なぜ盛り上がるのかといえば、相手との共通点を探り出すのがうまいからです。

雑談のいろいろな引き出しをたくさんもっており、郷里ネタ、スポーツネタ、健康ネタ、世相ネタなど、適当に小出しにしてみて、相手の反応を見ながら話を深めたり話題を切り換えたりします。

たまたま郷里が同じだったり近かったりすると、地元ネタで盛り上がり、心理的距離が一気に縮まります。べつに同じ県や隣県の人だからといって気が合うという保証はありません。近所にだって気の合う人もいればまったく合わない人もいたはずです。それなのに、郷里が近いと知るとなぜか親近感が湧くものです。共通点というのは、そんな魔力をもっています。

同窓というのも同じような効果をもちます。同じ大学や高校の出身だというだけで、なぜか親しみが湧いてきます。これも冷静に考えてみればおかしな話です。クラスメートにも気の合う相手ばかりでなく苦手な相手、どうも合わない相手もいたはずです。それなのに同窓と知ったとたんに親近感が湧く。理屈に合わないわけですが、そ

図 5-1　心理的距離を縮める共通点のいろいろ

出身地
出身校
趣味
食べ物や嗜好品の好み
ライフスタイル
性格
価値観、人生観
失敗経験

れほどまでに共通点のもつ魔力は強力なのです。

では、共通点にはどうしてそんな魔力があるのでしょうか。それは、私たちが不安でいっぱいで、自分とは異質なものに対して強い警戒心をもつからです。

異質なものに対して警戒心をもつのはごく自然なことで、生物として身を守るために身につけた防衛本能によるものです。得体の知れない相手を前にすると、防衛本能が働いて誰でも不安になります。そんなときに共通点を発見すると、得体の知れなさによる不安が大いに軽減され、それまで警戒していた反動で急に身近に感じられてくるのです。

説得上手な人は、こうした共通点のもつ効果を経験的に知っているため、雑談の中で共通点を探り出し、相手の不安を解消して心理的距離を縮めることができるのです。

共通点の効果を発揮しやすいのは、出身地や出身校だけでなく、趣味やライフスタイル、価値観、意見などがあります。男性の場合に多いのがスポーツネタで盛り上がるというパターンです。応援している野球チームやサッカーチームが共通だとわかったときの盛り上がりは格別で、ファン特有のマニアックな話題まで出たりして、心理的距離は一気に縮まります。

頼られると説得に乗ってしまうのはなぜか

相手の懐に飛び込むのが上手な人というのは、概して甘え上手といえます。遠慮深い人からすれば、なんであんな図々しい態度でうまくいくのだろうと不思議に思うわけですが、遠慮なく頼み事をしたり、相談をしたりする人物のほうが可愛がられるものです。

もちろん面倒な頼み事や相談をするのは禁物です。説得上手な人は、相手にとって負担が少ないのを見越したうえで、相手の得意とする領域で頼み事や相談をするのがうまいのです。

たとえば、遠慮深い人は、頼まれている報告書の作成でよくわからないことや迷うことが出てきても、上司を見ると忙しそうにしているし、こんなことで煩《わずら》わせてはいけないと思い、前任者が作成した報告書を見たり、ネットで報告書作成のノウハウを検索したりして、自力で何とか仕上げるようにします。

それに対して甘え上手な人は、同じような状況で、上司が忙しそうだといって遠慮などせずに、

「お忙しいところすみません。報告書作成をしていてわからないところがあって、ア

ドバイスを頂きたいんですけど、ちょっとお時間をいただけませんか」
などと上司にアドバイスを求めます。

その結果、遠慮深い人より甘え上手な人のほうが好感をもたれます。なぜかといえば、人は頼られることが嬉しいからです。頼られることで、自分に頼る価値があるのだと実感することができます。頼られることでマズローのいう承認欲求が満たされるのです（第2章参照）。

自分の承認欲求を満たしてくれる人物は、非常に心地よい存在です。ゆえに、遠慮深い部下の提案はけっこう厳しい目でチェックするのに、甘え上手な部下の提案にはあまり厳しいチェックが入りません。なぜなら、最初からできるだけ通してやりたいという心の構えがあるからです。

取引先などに対するときも同じです。あまり遠慮しすぎると心理的に遠い感じになってしまいます。たとえば、先方が簡単に手に入れられる資料なり情報があれば、その入手をお願いしてみます。先方なら容易に間に入ってもらえる相手がいれば、紹介をお願いしてみます。相手にとって負担が少ないお願いをするのがポイントです。

頼ってくる相手に対しては、なんとかしてやりたいという気持ちが働くものです。

もちろん、便宜を図ってもらったときにはきちんとお礼をするのは言うまでもないことです。こちらが頼り、向こうが頼られるといった構図ができれば、こちらの提案などの説得に対しても、とりあえず親身になって耳を傾けてくれる心の準備状態ができています。

ゆえに、説得を成功させたいと思うなら、説得すべき相手に日頃から頼るようにして、承認欲求を満たすことを心がけるのがよいでしょう。

店などの場所選びに気を遣うのはなぜか

ビジネス上の交渉をするときには、どんな場所で行うかに非常に気を遣うものです。

なぜかといえば、同じ内容の交渉でも、どんな場所で行われるかで結果が違ってくることも十分あり得るからです。それを経験的に知っている営業マンなどは、交渉を行う店選びに非常に気を遣います。

なぜ同じ交渉内容でも場所によって結果が違ったりするのでしょうか。それは、交渉時の判断には人物の印象が影響し、人物の印象には物理的環境の快適さが影響するからです。

快適な部屋と不快な部屋を用意して、それぞれで知らない人物のプロフィールを見せて、その人物の印象を評価してもらうという実験が行われました。快適な部屋は室温20度、湿度30％、不快な部屋は室温32度、湿度60％になるように設定されていました。その結果、同じプロフィールを見せられても、快適な部屋で評価したほうが蒸し暑く不快な部屋で評価した場合よりも明らかに好印象になっていることが確認されました（図５－２）。

図の横軸の.75は相手と自分の態度（価値観）の類似度が非常に高いことを意味

図 5-2　部屋の快適さと相手の魅力度（グリフィットより）

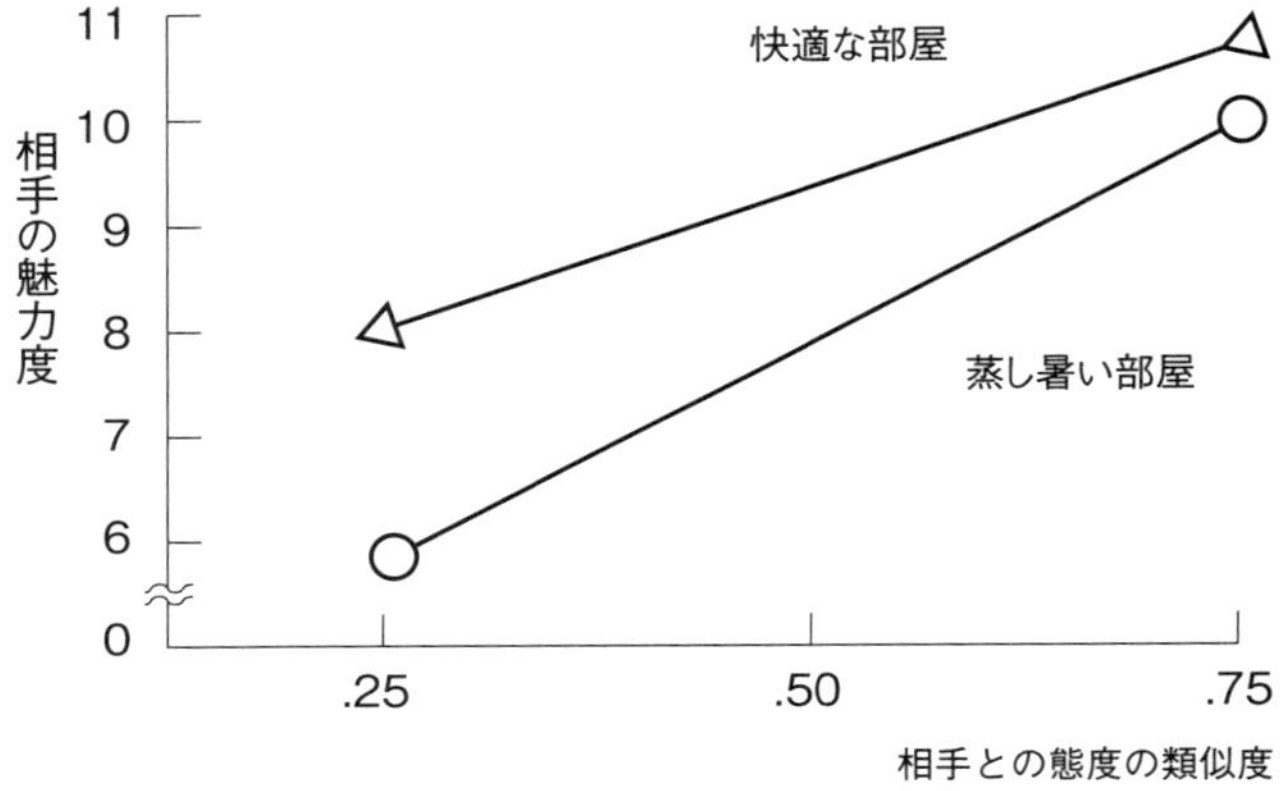

し、.25は類似度が非常に低いことを意味します。類似度が高い方が相手の魅力度も高いのですが、いずれの類似度でも快適な部屋で評価した方が相手の魅力度が高くなっています。

快適だったり不快だったりするのは、その人物のせいではなく部屋の物理的条件のせいです。そんなことは冷静に考えれば誰でもすぐにわかることなのに、部屋の快適さに人物評価が左右されてしまうのです。無意識のうちに部屋の快適さに影響された判断をしているのです。

ここからいえるのは、快適な部屋を用意

したほうが相手に好印象を与えることができるということです。

好きな音楽が流れているときのほうが、とくに好きでもない音楽が流れているときよりも、人に対する評価が好意的になることもわかっています。そのほかにも、インテリアや照明や眺望などで雰囲気のよい店を選ぶことで、こちらの印象を肯定的なものにすることができると考えられます。好印象を与えることができれば、説得がうまくいく可能性が高まります。

物理的距離で心理的距離を縮め、一体感を醸し出すことで説得を成功させるというのも、説得上手な人がしばしば使う手です。

心理学では座席行動というものも研究されています。座席行動の研究というのは、座席の配置がどのような心理効果をもつか、逆にいえばどんな心理効果を狙った座席行動があるのかということです。

その結果わかっているのは、座席のとり方によって対人距離を縮めることができ、それによって心理的距離を縮めることができるということです。心理的距離を縮める

図 5-3　4 つの対人距離

密接距離……0～45 ㎝
個体距離……45～120 ㎝
社会距離……120～360 ㎝
公衆距離……360 ㎝～

ことができれば、こちらの説得を受け入れてもらえる可能性が高まります。

対人距離というのは、人と人の間の物理的距離です。握手するときのようにお互いに手を伸ばさないと届かない距離の場合もあれば、通勤電車の中のように肩と肩が自然に触れ合うほどの密着した距離の場合もあります。

人類学者のホールは、このような対人距離を４つに分類しました。それが、密接距離、個体距離、社会距離、公衆距離です（図５－３）。

密接距離とは、相手の息づかいや匂いが

わかるような非常に近い距離で、およそ45センチ以内の距離を指します。これは、非常に親密な間柄にある人物同士がとる距離です。

個体距離とは、手を伸ばせば相手の身体に触れることができる距離で、およそ45センチ～１２０センチくらいの距離を指します。これは、友達同士などプライベートなコミュニケーションでとられる距離です。

社会距離とは、相手の身体に触れることができないやや離れた距離で、およそ１２０センチ～３６０センチくらいの距離を指します。これは、ビジネスなどの公的なコミュニケーションでとられる距離であり、取引先とのコミュニケーションや上司と部下間など職場のコミュニケーションでとられる距離です。

公衆距離とは、およそ３６０センチ以上の遠い距離を指します。これは、個人と個人のコミュニケーションで用いられるものではなく、多くの聴衆に対するコミュニケーションにおいてとられる距離です。

このように、私たちは相手との関係や用件によって対人距離を巧みに使い分けています。それほど意識せずに、ほぼ自動的に使い分けているといった感じだと思います。

この対人距離を説得にうまく利用する人もいます。心理的距離を縮めるために、今の関係にふさわしい距離よりも近い対人距離をあえてとろうとすることがあります。その際には、座席行動、つまり座席のとり方も絡んできます。

たとえば、社会距離をとるのがふさわしい取引先に対して、もっと心理的に近い関係になってざっくばらんに意見交換をしたいと思うときなどは、わざと個体距離をとります。ただし、いきなり友達同士みたいなプライベートな関係でないととらない距離に近づいたりすると、不自然な感じになり、相手の警戒心を煽ってしまいます。

そこで、自然に個体距離がとれる店を利用するのです。かしこまったレストランなどで食事をすると、大きなテーブルを挟んで向かい合うことになり、１２０センチ以上の社会距離になってしまいます。それに対して、大きなテーブルに横並びに客を詰め込む店やカウンター席の店を選べば、自然に１２０センチ以内の個体距離をとることができます。

対人距離は心理的距離に影響を与えます。本来社会距離をとるべき相手でも、個体距離をとることで、なぜか個体距離にふさわしい間柄であるかのような雰囲気になります。つまり、物理的距離が縮まると、それに合わせて心理的距離も縮まっていくのです。

店によっては、個体距離どころか45センチ以内の密接距離に自然になるようなこともあります。カウンター席の店ではありがちなことです。そうなると、自然に親密な雰囲気になり、ざっくばらんな話がしやすくなります。

ただし、強引に近すぎる対人距離をとろうとすると、相手に心理的抵抗が生じることがあります。あくまでも相手の反応を見ながらさりげなく対人距離を縮める配慮が必要です。

座席のとり方ということではありませんが、座席の素材などの質感も交渉の成否に影響します。

たとえば、硬い椅子に座って交渉する場合と、柔らかいソファーに座って交渉する場合を比較した実験によれば、硬い椅子に座っているときのほうが強硬な姿勢をとりがちで、なかなか妥協しないことが証明されています。

ここからいえるのは、柔らかいソファーを使うほうが商談がうまくいきやすいということです。座り心地のよさは椅子のせいであって、けっして相手のせいではないことは、頭で冷静に考えればよくわかるはずですが、どうも私たちはそれほど冷静ではないようです。なぜか、心地よいから話を受け入れるというようなことが、本人の気づかないところで実際に起こっているのです。

シンクロで一体感を醸し出す

座席によって心理的距離が縮まり一体感が醸し出されるということについて前項で解説しましたが、さらに動きがシンクロすることで一体感が醸し出されることもあります。

動きをシンクロさせるなどというとおかしな感じがするかもしれませんが、親しそうな友達や恋人同士が喫茶店で話している様子を何気なく観察すると、一方が早口になるともう一方も早口になる、一方が声をひそめるともう一方も声をひそめる、一方が身を乗り出すともう一方も身を乗り出す、一方が飲み物を飲むともう一方も飲み物を飲む、一方が大笑いするともう一方も大笑いする、というように話し方や動作のシンクロが多々見られるものです。

このように気の合った者同士では話し方や動作のシンクロがよくみられますが、それはお互いの間に共感的な心理が働いていることの表れであり、一体感の表れと見ることができます。シンクロが起こりやすい相手に対しては好意的な評価をしているというデータもあります。

説得上手な人は、相手の話し方や動きに自分をうまくシンクロさせて一体感を醸し出しているものです。おそらく意識してわざとシンクロさせているというよりも、共感性が高いために、ごく自然に相手にシンクロしてしまうのでしょう。

説得が苦手な人は、説明の仕方や心理的距離の縮め方などいろいろと改善の余地があるはずですが、相手に意識を集中して共感性を高めるためにも、シンクロさせるということを少し意識してみるのもよいでしょう。

たとえば、喫茶店で話すときなど、相手が窓外の景色に目をやればこちらも窓外の景色に目をやる、相手がコーヒーカップに手をかけたらこちらもコーヒーカップに手をかける、相手が深く座り直したらこちらも深く座り直す、相手が書類をパラパラめくりだしたらこちらも書類をパラパラめくってみる、相手が声をひそめたらこちらも声をひそめる、というように、相手をしっかり観察しながらペースを相手に合わせてみるのです。当然ですが、わざとらしくならないようにさりげなくできる範囲内で試してみましょう。

そうしたシンクロが無意識のうちに一体感を醸し出し、友好的な雰囲気になっていくことが期待されます。

なぜ飲食しながら交渉するのか

ちょっとした打ち合わせに喫茶店がよく使われますが、ちょうど食事時だったりすると、軽く食事でもしながら話しましょうということになったりします。じつは、その飲食が、その場で切り出される交渉事に説得力を与える効果をもつのです。

ビジネスランチのような飲食しながらの交渉事では、商談をもちかける側がご馳走するのが普通であるため、飲食しながら交渉するとうまくいきやすいというのは、ご馳走になったことへのお礼、つまり「お返しの心理」が働くからだと思われるかもしれません。

もちろんそうした「お返しの心理」が働くことも否定しませんが、飲食の効果はそれだけではないのです。たとえ割り勘であっても、飲食中には人の意見や提案を受け入れやすい心理状態になることがわかっています。そのことは心理学の実験によって証明されています。

その実験では、あるジャーナリストの論評だとして、「ガンの治療がうまくいくようになるのはまだ25年以上先のことである」「アメリカ空軍はこれ以上増員する必要はなく、むしろ現在の85％以下に縮小できる」「月への旅行は今後10年以内に実現できる」「映画は今後3年以内にすべて立体映画になる」など、当時は一般にあまり受け入れられていない論点を含む文章を読ませました。

実験協力者には、この論評を読ませる前に、あらかじめこれらの論点についての意見を書かせました。当然、実験協力者たちの意見は、このジャーナリストの意見とはかなり異なるものでした。

ジャーナリストの論評を読ませる際に、実験者からコーラとピーナツを出され、それらを飲食しながらジャーナリストの論評を読む条件と、何も飲食せずにジャーナリストの論評を読む条件が設定されました。

本人の意見とは異なる論点を強調したジャーナリストの論評を読ませた後、実験協力者たちに自分の意見を再び書かせました。

ジャーナリストの論評を読む前と読んだ後で意見が変わったかどうかを調べると、飲食しながら読んだ場合のほうが、ジャーナリストの意見の方向に本人の意見が変化していることがわかりました。

コーラやピーナッツを出したのはジャーナリストではなく実験者なので、この意見の変化は、ご馳走になったことへの「お返しの心理」によるものではなく、純粋に飲食の効果によるものと考えられます。つまり、飲食中は人の意見や提案を受け入れやすい心理状態になる、つまり被説得性が高まるというわけです。

取引相手とともにするビジネスランチもそうした効果を狙ったものといってよいでしょう。自動車や住設機器などのショールームや展示会で、飲み物やスナック類を出すことが多いのも、飲食による説得効果を狙ったものといえます。

ロジカルな人が反感を買うのはなぜか

ロジカルシンキングがもてはやされています。物事を論理的に整理して理解できずに、相手の言うことに対してわけがわからないと言う人、すぐに感情的に反応する人、物事を論理的に説明することができず、言いたいことが相手に伝わらない人はたしかにいます。したがって、ロジカルシンキングを身につけることも必要かもしれません。

でも、一方ではロジカルシンキングの弊害も見られます。空気が読めないという言い方がありますが、理屈ばかりにとらわれて周囲の人の気持ちに対する配慮を疎《おろそ》かにすると、通るものも通らなくなってしまいます。

自分は人の気持ちに鈍感なほうだと思う人は、「人は理屈よりも気持ちで動く」ということを肝に銘じておく必要があります。

説得できるかどうかは理屈で決まる、議論は理屈で決着がつくと思い、ロジカルな能力を身につけようという人がいますが、そこには大きな勘違いがあります。本当に議論は理屈で決着がつくでしょうか。

たとえば、日頃から気が合わず、何だか感じの悪い人だなあと思っている人物が、会議の場でこちらの提案に疑問をぶつけ、修正案を出してきたとします。その疑問も「なるほど」と思わせるもので、修正案も説得力のあるものだとします。

ロジカルにいくなら、その修正案を受け入れることになりますが、実際にはネガティブな印象をもつ相手ゆえに反発心が湧き、「こんな奴の修正案なんか受け入れたくない」と思い、何とか反論できないかと必死になってこちらの提案を補強できるような理屈を探そうとするでしょう。

一方、修正案を出してきたのが日頃から仲良くしている人物だったとしたら、「なるほど」と思わせるものなわけだから、快く受け入れるはずです。

関係が良ければ相手の意見を受け入れるのに、関係が良くないと反論のための理屈を必死になって探そうとするわけです。結局、相手の意見を受け入れるかどうかは理屈で決まるのではなく気持ちで決まる、関係性で決まるのだということになります。ゆえに、説得力を高めたいと思うなら、日頃から相手との間に良好な関係を築くように心がけることです。そこで大切なのは、気持ちをつなぐコミュニケーション、いわゆる情緒的コミュニケーションです。

理屈を伝える論理的コミュニケーションに対して、気持ちをつなぐ情緒的コミュニケーションでは、雑談を通して気持ちが触れ合うことを大切にします。そのためにも本章の冒頭で解説した傾聴力を発揮することが求められます。

ロジカルにばかりとらわれ、情緒的コミュニケーションができない人は、いくら理屈のうえで正しいことを述べても気持ちのうえで反発されることになりがちなため、交渉事がなかなかうまくいきません。気持ちがつながっていれば避けられる反発に足をすくわれるのです。

このように、ロジカルシンキングばかりを意識していると、思わぬ落とし穴にはまることがあるので注意が必要です。

説得上手な人は、なぜ世の中の動向を持ち出すのか

説得上手な人は人間心理によく通じているものです。

説得するためには、企画なり商品なりの特徴やそれを導入した場合のメリットをうまく説明することが重要なのはもちろんですが、説得上手な人は世の中の動向を表すデータや事例の収集に余念がなく、説得の場でそれらを上手に使います。それは、社会的比較の心理をよく知っているからです。

社会的比較の心理というのは、周囲と比較したがる心理のことです。

たとえば、結婚式のご祝儀をいくらにするかという場合、いくら出すのが正しいという絶対的基準がないため、上司だの友人だのといった関係によって普通はいくらくらい出しているのかが気になります。そこで、冠婚葬祭入門のようなデータ集が必要

とされるのです。

子どもに小遣いをあげる場合も、世の中の人たちは何歳くらいから小遣いをあげているのか、うちの子にはいくらあげるのが妥当なのかが気になり、何年生の子にはいくらあげているという平均値のデータを探そうとするでしょう。

このように絶対的基準がないときは、他人との比較、つまり社会的比較によって判断せざるを得ません。つまり、「みんなはどうしてる」が妥当性の基準になるのです。

説得上手な人は、そうした人間心理に通じているため、世の中一般の動向や業界の動向、他社の動向などに常にアンテナを張り巡らし、交渉の中でそのような動向を表すデータや事例をうまく提示します。

たとえば、そういったセキュリティ・システムの導入が望ましいのは理屈ではわかるものの、契約料が高いし、費用対効果でどうなのだろうと迷うとき、

「同じような規模の企業様1000社のうち、2年前までは導入されているのは10％以下でしたけど、今は約30％で導入されており、導入される企業様がどんどん増えて

いる状況です」

と似たような規模の会社に関する比較データを示される。また、「○○社にも、△△社にも納入させていただいております」とライバル企業の事例を示されたりすると、「そろそろウチも導入しないといけないかもしれない」といった思いになります。

世の中の動向に関するデータや同業他社の事例などは、このような社会的比較の心理に揺れる顧客に絶大な効果を発揮するため、説得上手な人はその種の情報収集に余念がないのです。

説得上手な人は、なぜ気前がいいのか

説得の上手な人が気前がいいのは、心理的負債感があると相手の説得に乗りやすい

という人間心理の法則を直感的に心得ているからでしょう。

心理的負債感というのは、借りがあるという心理を指します。心理的負債感がある場合、借りがあるままでは気持ちの収まりが悪いため、借りを返したいという気持ちになります。それが相手の説得を受け入れることにつながるというわけです。心理的負債感を感じさせる相手が説得者であれば、その説得を受け入れることが借りを返すことになります。つまり、説得に乗ることで心理的負債感が解消されます。

ご馳走してもらったり、プレゼントをもらったりすると、何かお返しをしないと気がすまない心理状態になります。何らかの決定権をもつ人物が、出入りの業者に接待されたり何かもらったりということがよくありますが、それも心理的負債感の効果を期待してのことでしょう。

心理学者レーガンは、心理的負債感の効果を確認するために、2人一組の実験を行っています。ふたりのうちのひとりは常にサクラでした。条件は2通り設定されました。

第1条件では、実験途中の休み時間にサクラがコーラを買って差し入れてくれます。第2条件では、休み時間にふたりともただ休むだけで、コーラの差し入れはありません。そして実験が再開されます。実験終了後にサクラが、あるチケットを何枚でもよいので購入してくれないかと頼みます。

実験としてやってもらう作業はどうでもよく、実験の目的は、作業終了後のチケット購入の依頼に対する反応が、条件によって違ってくるかどうかを確かめることにありました。

その結果、差し入れをもらった人たちのほうがチケットを購入していました。チケットの金額は差し入れのコーラの2倍もするにもかかわらず、差し入れをもらった人たちの購入枚数は、平均2枚以上になっていました。

コーラの差し入れによって生じた心理的負債感による「お返しの心理」が、チケット購入のお願いという説得を受け入れる行動に導いたと考えられます。これにより心理的負債感の効果が証明されました。

図 5-4　心理的負債感を生むもの

プレゼント、差し入れ 接待 情報提供 便宜を図る 聴き上手

ただし、今の時代、接待やプレゼントというとちょっと露骨な感じがします。

心理的負債感というのは、何も物欲がらみのものだけではありません。相手に役立ちそうな情報提供を心がけるとか、忙しくてなかなか時間がとれない相手に代わって資料入手や会場予約、チケット手配などの便宜を図ってあげるといった形で心理的負債感を生み出すというのもよくあることです。

聴き上手もお返しの心理を刺激します。自分の話にじっくり耳を傾けてもらえるというのは非常にありがたく気持ちのよいものなので、いつもつき合ってくれるお礼として何かお返ししたいという気持ちになります。それが、相手の提案を受け入れるとか相手の商品の購入を決めるといった行動につながっていきます。

こうした心理的負債感の効果を知っているため、説得の上手な人は、相手の話にじっくりつき合うだけでなく、相手の話すことはしっかり覚えておき、便宜を図れそうなこと、サポートできそうなことはしておくように心がけます。それに対するお返しの心理が、こちらの説得を後押ししてくれるのです。

新人の名刺にも肩書きを入れるのはなぜか

説得に乗るかどうかは、その内容で判断すべき問題です。それはそうなのですが、現実には内容の妥当性を判断する能力がこちらにはないというのもよくあることです。

たとえば、日進月歩のＩＴ技術関係の話を聴いても、こちらが最新の技術に詳しいのでない限り、その説明が妥当かどうかを自分で判断することなどできません。もっともらしい説明をされると、そんな気もしてきますが、本当にそうなのか確信がもてません。

そんなときに威力を発揮するのが名刺の肩書きです。いかにもその技術の専門部署の責任者みたいな肩書きがあると、信用してもいいような気がしてきます。反対に、いかに良心的な提案をしていても、もっともらしい肩書きがないためになかなか信用してもらえないということもあります。そのため、いかにも専門家風の肩書きを従業員に与える会社もあります。

このように、目の前にいる人物は同じでも、重々しい肩書きがあるのとないのとでは、感じる信頼度に違いが出てきます。これは光背効果とか後光効果と呼ばれているものの一種です。

光背効果とは、何か一点が光ると、それに目をくらまされるかのように、相手を正当に評価できなくなることを指します。相手に後光が差して実際以上に大きな存在に感じられるという意味で、後光効果ともいいます。

交渉の場では、いかに光背効果を利用するかが工夫のしどころになります。ほとんどの社員にいかにも管理職のような肩書きをつけている会社もありますが、それも肩書きの重さによる光背効果を狙ったものといえます。若造だと軽く見られ、なかなか信用してもらえないため、新人にさえ何らかの肩書きつきの名刺を与える会社もありますが、それも光背効果を狙ったものといえます。

他人の肩書きによって光背効果を発揮させようとすることもあります。たとえば、上司の名刺も持参して、

「部長からもどうぞよろしくお願いしますとのことでした」

と言うのも、光背効果によって部下の信頼度を補強しようと意図してのことです。

肩書きだけでなく、会社の知名度や規模の大きさも光背効果の要因になります。知

名度の低い会社や規模の小さな会社が知名度の高い会社の系列になったりするのも、光背効果を狙ってのことといえます。

指示を出すのも相談調で

部下に指示を出し、それを気持ちよく受け入れさせるというのも、いわば説得の一種といえます。

上から指示をすれば、嫌々でもそれに従って行動するでしょうが、納得できないまま仕方なくやるのと、心から納得して気持ちを入れてやるのとでは、能率も違えば仕事の質も違ってくるはずです。

そこで、納得したうえで実行してもらうようにする必要があるわけですが、そのためのコツが、一方的に命じるのではなく、相談調で指示を出すことです。

松下電器（現、パナソニック）の創業者である松下幸之助は、指示を出す際には、相手の言うことに耳を傾けることが大事だと言っています。指示というのは、それを受けた側が納得しないと効果的に遂行されません。指示さえ出せば、それがうまく遂行されるというわけではありません。したがって、指示を受ける側の感情が、その指示をどう受けとめるか、そのことをよく考えて指示を出さなければなりません。そのため、指示を出す際には、できるだけ相談調にするように心がけてきたのだと言います。

人は誰も認めてもらいたいという欲求、いわゆる承認欲求をもっています。指示を納得して受け入れてもらうために、その承認欲求を満たしてやるようにするのです。

たとえば、

「このようにしてくれ」

と一方的に通達するのと、

「このようにしたらいいんじゃないかと思うんだけど、どうかな？」

「私はこうするのがいいように思うのだが、君の意見を聞かせてくれ」

などと向こうの意見も求める形で打診し、納得してもらってから、

「では、そのように頼む」

と指示をするのとでは、後者の場合のほうが全力で取り組むことになりやすいものです。


一方的に指示されるだけだと、命令だから仕方なく従うものの、気持ちが伴わず、やるにはやっても適当にやるということになりがちです。これは、第1章で解説した心理的リアクタンスにも関係してきます。強引さが心理的な抵抗を引き起こすのです。

それに対して、相談調で指示された場合には、信頼されている、尊重されていると感じることができます。意見を言ったところで指示が覆るということはあまりないでしょうが、どっちみち指示された方向で動くにしても、承認欲求が満たされることでモチベーションが高まり、指示された方向に全力でぶつかっていくということになりやすいのです。

第6章

説得の技法
～この心理技法を知っておけば交渉に負けない

まずは小さな依頼から……フット・イン・ザ・ドア技法

いきなり大きな負担になる依頼をしたら断られる可能性が高いけれども、それほど負担にならない依頼だったら受け入れられやすい。それは誰にもわかることです。

たとえば、スポーツジムでよく顔を合わせる人に、10万円貸してくれませんかと頼んでも即座に断られるでしょうが、飲み物を買いたいので120円貸してくれませんかという頼みなら、受け入れてくれるかもしれません。あるいは、抱え切れないほどの荷物をもっているときに、歩いてまだ20分かかる駅まで一緒にもってくれませんかと頼んでも断られる可能性が高いでしょうが、道の向こう側に運ぶのを手伝ってもらえませんかという頼みなら受け入れてくれる可能性が高いはずです。

そのような心理につけ込む説得技法が使われることがあるので、説得を受ける側になった場合には要注意です。

まず最初に受け入れやすい小さな依頼を受け入れてもらうことで、さらなる大きな依頼を断りにくくさせようという説得的コミュニケーションの手法を、フット・イン・ザ・ドア技法といいます。

たとえば、インターホンが鳴り、何かと思えば健康食品の訪問販売だと言う。いきなり商品の購入を勧められれば、「いいえ、結構です」と簡単に断れます。ところが、「ご購入いただかなくて結構です。今日は無料のサンプルをお持ちしましたので、話だけでも聴いていただけないでしょうか」

という言い方に気が緩み、無下に断るのも可哀相だから話くらいなら聴いてあげようということになったとします。じつは、その時点で、すでに相手のフット・イン・ザ・ドア技法の術中にはまっているのです。

心理学者フリードマンとフレーザーは、フット・イン・ザ・ドア技法に関する多くの実験を行い、その絶大な説得効果を証明しています。

調査員が見ず知らずの主婦たちに電話をして、家庭の台所用品についての調査への協力を依頼するという実験があります。そこでは4つの条件が設定されましたが、話をわかりやすくするために2つの条件に絞って、結果を比べてみましょう。

第1の条件では、1回目の電話で自己紹介をした後、台所用品についての調査への協力を頼み、同意した人に、その電話で台所用品についての簡単なアンケートに答えてもらいました。そして、3日後に再び電話をして、今度調査員が5～6人訪問して2時間くらいかけて実際に台所用品をチェックしたいのですがと、大がかりな実地調査への協力を依頼しました。

第2の条件では、1回目の電話で自己紹介をした後、いきなりその大がかりな実地調査への協力を依頼しました。

その結果、大がかりな調査を受け入れた人の比率は、第2条件では22％と8割近くが断ったのに対して、第1条件では53％と過半数が承諾したのでした。

別の実験では、安全運転の大きな看板を庭に立てることを依頼するのが最終目

図 6-1　フット・イン・ザ・ドア技法の効果

			大きな依頼の受諾率
実験1	条件１	１回目に小さな要請をして受け入れてもらっておいて２回目に大きな要請をする	53%
実験1	条件２	１回目からいきなり大きな要請をする	22%
実験2	条件１	上記条件1と同じ	76%
実験2	条件２	上記条件2と同じ	17%

的でした。そこでは5つの条件が設定されましたが、話を簡単にするために2つの条件に絞って、結果を比べてみましょう。

第1の条件では、各家庭を訪問して、安全運転の小さなステッカーを家か車の窓に貼ってくれるように頼みました。これはすべての住民が承諾してくれました。2週間後に再び訪問して、今度は安全運転の大きな看板を庭に立てることを依頼しました。

第2の条件では、最初の訪問でいきなり安全運転の大きな看板を庭に立てることを依頼しました。

その結果、安全運転の大きな看板を庭に立てることを承諾した人の比率は、第2の条件ではわずか17%とほとんどの人が断ったのに対して、第1の条件では76%と大半の人が承諾したのです。

これらの実験からわかるのは、はじめからいきなり依頼すれば断られる可能性が大きいことでも、まずはじめに受け入れやすい小さな依頼をしておけば、すんなり受け入れられる可能性が高まるということです。ゆえに、相手をいきなり説得するのが難しそうな場合には、まず容易に受け入れてもらえそうな依頼をしてから、徐々に要求を大きくしていくのがよいということになります。

では、どうして受け入れやすい小さな依頼をしてからだと説得しやすくなるのでしょうか。そこには、自分は一貫性のある人物でありたいという強い欲求があります。人は誰でも自分に一貫性をもたせたいという思いがあります。そのため、ほんの小さな依頼でも、いったん受け入れてしまうと、さらなる依頼をされたときに、ちょっと負担に感じても断りにくくなってしまうのです。前にこの人の依頼を受け入れているという事実が、今度は断るということをしにくくさせるのです。

そうなると、説得に弱くてなかなか断れないという人は、

「話だけでも聴いていただけないでしょうか」

と言われても、購入したり契約したりする気持ちがない場合ははじめから断る、どんなに些細な依頼であっても応じないという姿勢を貫くようにすべきだということがわかります。話だけ聴いてもらうような商売などないということを忘れないようにすることです。

まずは大きな依頼を断らせる……
ドア・イン・ザ・フェイス技法

受け入れやすい小さな依頼から入るフット・イン・ザ・ドア技法とは逆に、受け入

れがたい過大な依頼をぶつけることによって本来の依頼を受け入れやすくさせようという説得的コミュニケーションの手法を、ドア・イン・ザ・フェイス技法といいます。
たとえば、次のようなやりとりにこの技法が見られます。この上司と部下は、ある会社の東京本社に勤務しているとします。

上司「君もこの部署が長いから異動してもらうことになりそうだ」
部下「えっ？　そうなんですか、どこに異動することに？」
上司「香港で人員補充が必要だというから、君に行ってもらおうと思ってる」
部下「えっ？　香港ですか！」
上司「何かまずいことでもあるのか？」
部下「じつは、親の介護があって、妻にばかり負担をかけにくくて、土日は私が世話に行ってるので……」
上司「そうか、それは大変だな。海外はまずいな。だったら大阪営業所も人員補充が必要だから、大阪に行ってもらおうか」

部下「大阪ですか！　はい、ありがとうございます！」

香港への転勤を打診され、困惑していたら、では大阪でどうかと言われてホッとするというこの流れは、誰もが共感できるはずです。ここでのポイントは、香港への転勤命令に比べたら大阪への転勤命令などほんのちっぽけなものに感じられ、容易に受け入れやすいということです。

一方、はじめから大阪への転勤を打診されたらどうでしょうか。週末は東京に戻らないといけないことを考えると、「参ったなあ、大阪か、遠いなあ」と、気が重かったはずです。ところが、香港への転勤を打診された後だけに、大阪がやたら近く感じられ、「大阪なら近くてよかった」と思えてくるのです。

こうした心理メカニズムを説得に利用しようというのが、ドア・イン・ザ・フェイス技法です。それは、はじめにわざと受け入れがたい過大な依頼や要求をもちかけ、相手が抵抗を示したら、それよりも受け入れやすい本来の依頼や要求をもち出すというものです。

図6-2　ドア・イン・ザ・フェイス技法の効果

			受諾率
実験1	条件1	はじめに過大な要請をし、断らせてから本来の要請をする	49%
	条件2	はじめから本来の要請をする	32%
実験2	条件1	上記条件1と同じ	50%
	条件2	上記条件2と同じ	17%

　ドア・イン・ザ・フェイス技法に関しては、心理学者チャルディーニたちがさまざまな実験を行い、その効果を実証しています。

　通行人に献血を依頼するという実験があります。そこでは依頼の仕方に関して2つの条件が設定され、それぞれの受諾率が比較されました。

　第1の条件では、まず最初に、「今後数年間、2カ月ごとに献血していただく契約をしていただけませんか」と依頼します。誰もがそれは無理だという反応を示すので、間髪を入れず、「では、今回一度きりでけっこうですから、献血にご協力いただけませんか」と頼むという段取りです。

第2の条件では、最初から「献血にご協力いただけませんか」と、ごく普通に献血への協力を求めます。

その結果、第2条件では承諾率が32％だったのに対して、第1条件では承諾率が49％と非常に高くなりました。

非行少年たちを動物園に連れて行くのを2時間ほど手伝ってほしいと依頼する実験もあります。そこでも依頼の仕方に関して2つの条件が設定され、それぞれの受諾率が比較されました。

第1の条件では、まず最初に、「これから2年間、週2回、非行少年のカウンセラーをしてほしい」と頼みます。さすがに負担が重すぎて誰もが抵抗を示すので、「では、非行少年たちを動物園に連れて行くのを2時間ほど手伝ってほしい」と頼みます。

第2の条件では、最初から「非行少年たちを動物園に連れて行くのを2時間ほど手伝ってほしい」と頼みます。

両者の受諾率を比べると、第2条件では17％と8割以上が断ったのに対して、第1条件では50％と半数が引き受けたのです。

このような結果から、過大な依頼をしてから本来の依頼をしたほうが、相手を説得しやすいことがわかります。

では、どうして過大な要求をぶつけて躊躇させた後に本来の要求を出したほうが受け入れられやすいのでしょうか。それについては2つの理由が考えられます。

まずは対比効果です。はじめにとても受け入れがたいような過大な依頼をされると、次に出されたより現実的な依頼が、非常に小さなものに感じられるという対比効果が働きます。そのため受け入れやすくなるというわけです。

もうひとつは心理的負債感による「お返しの心理」です。相手が大きな依頼から小さな依頼に譲歩してくれたのだから、こちらもお返しに譲歩して、多少抵抗があっても依頼を受け入れないと申し訳ないという心理が働きます。そのため受け入れやすくなるというわけです。

ビジネスの場では、値引き交渉ではじめに無理な要求をぶつけてみたり、納期交渉ではじめにとても無理と思われる時期を要求したりという形で、このドア・イン・ザ・フェイス技法が用いられたりします。うっかり乗せられずに冷静に対処するためにも、この技法のさまざまな応用バージョンについてしっかり理解しておくことが大切です。

その気にさせて条件を吊り上げる……ローボール技法

はじめに好条件を提示し、相手がその気になったところで条件を吊り上げる説得的コミュニケーションの手法がローボール技法です。このように説明すると、いかにも悪徳手法といった感じがするでしょう。実際、これを地でいくようなあくどい手法もよく使われているようです。私自身も、世の中で広く知られている有名な企業の担当者から、まさにローボール技法のさらなるあくどいバージョンを使われ、酷《ひど》い目に遭わされたことがあります。

ここであまりにあくどいバージョンの事例を挙げると、それを使おうとする人物が出てくる可能性があるので、あまりあくどくないオーソドックスなローボール技法について解説したいと思います。それでも十分強力なので、うっかり術中にはまらないように注意が必要です。

身近によく見られるのは、チラシやネット広告を使ったローボール技法です。たとえば、こんな人がいました。そろそろパソコンを買い替えたいと思っていたところ、タイミングよく近くの電器店のチラシが入りました。それを見ると10万円以内で買える手頃なものがあったので、休日に買いに行きました。目的の機種を見つけ、買おうとして店員に声をかけると、じつはその機種は古い型で、機能的にちょっと不便なところがあり、この先何年か使うことを考えると最新機種にしたほうがよい、メーカーにこだわらなければ最新機種でも安く購入できると言われ、いくつか勧められました。結局、それら最新機種のうち最も安いものを買って帰ることになったのですが、それは14万円で、当初想定していた10万円の予算を大幅に上回ってしまいました。

もしもはじめからその機種が14万円というチラシで、10万円以内の機種が出ていなかったら、わざわざ買いに行かなかったはずです。10万円以内で買えるという好条件につられて買う気になり、わざわざ電器店に出かけていったのに、すでに買うつもりになっていたため条件を吊り上げられても買ってしまったのです。まさにローボール技法にはめられたといえます。似たようなことは、多くの人が経験しているのではないでしょうか。

チラシやネット広告だけでなく、店のいろいろなコーナーにもローボール技法のワナが仕掛けられています。

たとえば、衣料品店などに行くと、「有名ブランドネクタイ最大50％ＯＦＦ」「高級ベルト半額から」などと書いてあるコーナーがあります。それは安いなと思って近づき、いろいろ手にとってみると、気に入ったデザインのものは2割引きだったり1割引きだったりして、5割引きのものはあまりパッとしないものばかりです。せっかく買うならやっぱり十分気に入るものでないとと思い、2割引きのもののほうを買う。そのようなこともよくありがちです。

でも、買った後でよく考えてみれば、「50%OFF」「半額」という文字が目に飛び込んできたから気持ちが動いたのであり、差し迫って買う必要があったわけでもないため、最初から「20%OFF」となっていたら、そのコーナーに近づくことはなかったはずです。まんまとローボール技法のワナにはめられたことになります。

このようにローボール技法というのは、あらゆる商売で使われているので、その気にさせられた後で条件が吊り上がっているなと感じたら、ちょっと頭を冷やすのがよいでしょう。

ここまではちょっとした買い物に仕掛けられたローボール技法について見てきましたが、大きな契約を結ぶ際にも、もう少し手の込んだローボール技法が用いられることがあります。

好条件を提示され、その気になって契約を結ぼうとすると、具体的な説明の中で条件がいつの間にか吊り上げられ、「こりゃ参ったな」と思いつつも、いったんその気になると勢いがついてしまうため、「まあ、いいか」ということで契約をしてしまう。そんなこともあるので要注意です。

そうした説得のプロセスを確認した実験もあります。

チャルディーニたちは、大学の授業で、「単位として認めるので、心理学の実験に協力してもらえませんか」と呼びかけました。すると、単位になるならと多くの学生が協力を申し出ました。そこで、「じつは、実験は今週の水曜日か金曜日の朝7時からになります」と詳細を伝えました。朝7時というのは早すぎると誰もが感じるでしょう。今週というのも急すぎると感じるでしょう。その結果、最終的に実験への協力を申し出た学生は56％になりました。

一方、はじめから「今週の水曜日か金曜日の朝7時から」という詳細まで伝えて協

図6-3　ローボール技法の効果

		受諾率
条件1	はじめに好条件を提示し、その気にさせたところで条件をつり上げ、本来の条件を提示する	56%
条件2	はじめから本来の条件を提示する	31%

力を呼びかけた場合は、協力を申し出た学生は31％しかいませんでした。まったく同じ条件であるにもかかわらず、最初に好条件だけ伝えた場合のほうが、最初から悪条件も伝えた場合よりも、2倍近くの承諾を得ているのです。

ここからいえるのは、いったんその気になってしまうと、その後に条件を吊り上げられても、気持ちに勢いがついているため断りにくくなってしまうということです。よくあるのは、無料だというから説明を聴くことにしたのに、いざ契約段階になると、じつは初期費用がかかるという話になった

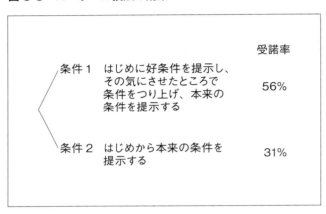

り、オプションとして有料の契約をつけたほうが便利だという話になったりするケースです。さらにあくどいものでは、契約段階であからさまに条件をつり上げてくるものもあります。

ちょっとした買い物ならよいのですが、ビジネス上の契約で条件を吊り上げられるととんでもないことになる可能性もあるので、悪質な説得に引っかからないためにも、ローボール技法については常に念頭に置いておくとよいでしょう。

好条件を追加する……ザッツ・ノット・オール技法

好条件に惹きつけられ、その気になったところで条件をつり上げられても、いったんその気になるとブレーキがかかりにくく条件を呑んでしまうというのがローボール技法でした。前項で示した日常的な例を見れば、自分にもそんな経験があるという人が多いはずです。

では、相手を説得しようという場合は、好条件を最初に提示したほうがよいのかというと、必ずしもそうとはいえません。ローボール技法は、本当の条件を隠して、それよりもよい条件で惹きつけるというものですが、本当の条件を出してみて、それで納得してもらえそうにないときに多少の譲歩をして受け入れてもらおうとするというのも、よくある手法です。

たとえば、何らかの商品を買おうかどうか迷っている客に対して、何とか売りたいと思う場合に、

「その商品は、今なら通常の2倍のポイントがつきますから、大変お得ですよ」

とポイントのおまけをつけたり、

「その値段の端数を引くくらいのお値引きはさせていただきます」

と値引きのおまけをつけたりすることがあります。そうすると、もともとの条件で迷っ

ていたくらいなので、それなら買おうということになる可能性が高いといえます。

迷っているときにポイントや値引きのおまけを提示され、それなら買おうと決断したという経験をもつ人は少なくないのではないでしょうか。

このように、好条件を後から追加することによって受け入れさせようという説得的コミュニケーションの手法のことをザッツ・ノット・オール技法といいます。

この技法の効果について、心理学者バーガーは、カップケーキ販売の実験を行っています。ケーキの値段の表示がなく、客から聞かれたら答えることにします。その際、2つの条件が設定されました。

第1の条件では、値段を聞かれたら、まずは「75セントです」と答えます。少し間をおいて、つまり客が考えているときに、「クッキー2枚をおまけにつけます」とつけ加えます。

第2の条件では、値段を聞かれたら、最初から「クッキー2枚をつけて75セントです」と答えます。

図6-4　ザッツ・ノット・オール技法の効果

			受諾率
実験1	条件1	あとでおまけをつける	73%
	条件2	はじめからおまけつきの値段を伝える	40%
実験2	条件1	あとで値引きする	73%
	条件2	はじめから値引きした値段を伝える	44%

その結果、どちらの条件のほうを客が買うかというと、それは第1の条件です。ケーキを購入した客の比率は、第2の条件の40％に対して、第1の条件では73％と2倍近くになりました。

これはおまけという好条件を後で追加するという手法ですが、値引きという好条件を後で追加する手法の効果も実験で確認しています。その実験でも、2つの条件が設定されました。

第1の条件では、値段を聞かれたら、まずは「1ドルです」と答えます。少し間をおいて、つまり客が考えているときに、

「75セントに値引きします」とつけ加えます。

第2の条件では、値段を聞かれたら、最初から「75セントです」と答えます。

その結果、やはり後で値引きしたほうがよく売れていました。ケーキを購入した客の比率は、最初から75セントと答えた場合は44％なのに対して、後で75セントに値引きした場合は73％と7割も上回りました。

では、どうして後で好条件を追加したほうが説得効果があるのでしょうか。それには2つの理由が考えられます。

ひとつは「お返しの心理」です。

たとえば、おまけの実験では、最初はケーキだけで75セントと言っていたのに、その後でクッキー2枚のおまけつきで75セントと譲歩してくれたので、客としてはそのお返しに買わなければいけないような心理状態になるというわけです。

値引きの実験でも、最初は1ドルと言っていたのに、その後で75セントに値引きすると譲歩してくれたので、客としてはそのお返しとして、もう迷わずに買わないといけないような心理状態になるため、購入率が高くなるのです。

もうひとつは「対比効果」です。

たとえば、おまけの実験では、後から「ケーキにクッキー2枚をおまけにつけて」75セントと言われると、ケーキだけで75セントという最初の条件と比べて非常に得な感じがして、思わず買いたくなるというわけです。

値引きの実験でも、後から75セントに値引きすると言われると、1ドルという最初の条件との比較が意識され、とても得する感じがするのです。

このようなザッツ・ノット・オール技法をもとに考えると、ビジネス上の契約などでも、はじめからギリギリまで値引きした納入価格を提示するより、少し高めの価格を提示しておき、相手が迷っているときに、

「では、納入価格をここから3％引かせていただきます。儲けが出るギリギリのラインなので、何とかお願いできませんか」

と好条件を追加する方が効果的ということになります。納期を早めてほしいと言われ

た場合も、最初から最大限頑張って可能な納期を提示するより、まずは余裕をもって間に合いそうな納期を提示してみて、もうちょっと早くならないかと迫られてから、「それでは納期をあと1週間早めるということでいかがでしょうか」と好条件を提示するほうが効果的ということになります。

逆の立場のときは、相手がこのザッツ・ノット・オール技法を用いている可能性も考えて、冷静に交渉していくことが必要です。

ないと言われると欲しくなる……限定効果

ないと言われると欲しくなる、早く買わないとなくなると思うと急いで買わないとという気持ちになる。人間にはそんな心理があります。

たとえば、「売り切れ」「現在品切れ中」などという表示を見ると、なぜかその商品が気になります。「もう、あと5個になりました」と言われると、「早く買ったほうがいいかな」という気持ちになります。それでうっかり必要のないものを買ってしまったという苦い経験をもつ人も少なくないはずです。

そんな心理を踏まえて、限定効果を狙った商法がよく用いられます。数量限定や人数限定などは、以前から百貨店やスーパーのチラシで用いられ、時間限定＝タイムセールは店頭で用いられてきましたが、最近はテレビの通販でこれらの限定効果を狙った手法が盛んに使われています。

「500個限定」

「先着500名様限り」

「これから30分間にお申し込みの方」

などと聞くと、これは急がなくてはと慌てて申し込んでしまう人がたくさんいるため、このような手法が盛んに使われているわけです。

このような限定効果を狙ったメッセージには、暗黙のメッセージが込められており、

そこに無意識のうちに反応してしまうのです。たとえば、「お一人様3個限り」という数量限定のメッセージには、

「一人がいつくもまとめ買いしたくなるほどお得です（人気です）」

「一人3個までとしないと、すぐに売り切れてしまうほどお得です（人気です）」

「たくさん欲しいという人がいても、3個までしかお売りできません」

といった暗黙のメッセージが込められています。

「先着500名様」という人数限定のメッセージには、

「希望者が殺到してすぐに500名を超えてしまうほどお得です（人気です）」

「500名を超えてしまったら、お売りすることはできません」

といった暗黙のメッセージが込められています。

「30分だけ」という時間限定のメッセージには、

「常時このお値段でご提供するわけにはいかないお得なお値段です」

「30分を過ぎたら、もうこのお値段ではご提供できません」

といった暗黙のメッセージが込められています。

こうした暗黙のメッセージに刺激され、「人が殺到するかもしれない」「早くしないと買えなくなる」といった思いになり、購買行動に走ることになります。

このような「ないと言われると欲しくなる心理」、その応用バージョンである「なくなると思うと欲しくなる心理」の背後には、心理的リアクタンス効果が働いています。

心理的リアクタンスについては第1章で簡単に解説していますが、これは心理学者ブレームが提起した概念です。ブレームによれば、心理的リアクタンスとは、人は自由を制限されたり奪われたりすると、自由を回復しようとすることを指します。

ブレームたちは、心理的リアクタンスを証明するために、レコードを使った実験を行いました。音楽の好みを調べるという名目のもと、4つの曲を聴かせながら、2日間にわたって魅力度を評価させます。

1日目の評価後に、「明日の実験終了後に、4曲のうちどれかひとつ好きな曲のレコードをプレゼントします」と伝えます。

そして、２日目の実験前に、「じつは手違いがあって、今日は３曲分のレコードしか手元にありません」と伝え、あるのはこの３曲だと見せてから、２日目の実験に入ります。実験を受ける人たちは、どの曲のレコードがないかがわかっています。

２日目の実験の結果、つまり各曲を聴きながらの魅力度の評価を見ると、レコードがない曲、つまり実験終了後にもらうことができない曲の魅力度だけが上昇していたのです。ほかの３つの曲の魅力度は１日目と変わりませんでした。

このように、欲しいと思ってもらうことのできない曲の魅力度のみ上昇したので、心理的リアクタンスの存在が証明されたことになります。

心理的リアクタンスを限定効果を狙った手法に当てはめれば、限定効果によって、「出遅れると、それを手に入れる自由を失うことになる」という思いが脳裏に浮かび、「手に入れる自由」を奪われないように購買行動に走ることになります。

数量限定、人数限定、時間限定に限らず、地域限定、季節限定なども同様です。

図 6-5　限定効果を生み出すもの

数量限定	地域限定
人数限定	季節限定
時間限定	……

旅先で地域限定と知ると、

「今、ここで買っておかないと、二度と手に入れることができない」

という思いが刺激されます。季節限定のデザートだと言われると、

「今のうちに味わっておかないと、もう味わうチャンスはないかもしれない」

といった思いが刺激されます。

「予約殺到」「生産が追いつかない」などといった宣伝文句も、心理的リアクタンス効果を発揮し、購買行動を後押しします。

ビジネス交渉の場では、先方の限定効果を狙ったフレーズに無意識のうちに反応し

て、条件面の交渉を忘れて飛びついてしまわないよう、このような説得的コミュニケーションの手法を頭に入れておきたいものです。

「人気」とか「ヒット中」と聞くと気になる……同調心理

服を買いに行って、店員から、

「今、これが人気なんです」

と勧められて買ったのに、ちょっと着ただけで、その後あまり着ないものがあるという人も少なくありません。

「大ヒット上映中」という広告を見て、面白そうだと思って観に行ったけれど、期待に反して全然面白くないということもあります。

初めて入ったレストランで、人気メニューと書いてあるものが気になって注文したのに、どうも口に合わなかったというのもよくあることです。

なぜそんなことがあるかと言えば、「みんなが気に入るものはいいものに違いない」「みんなが欲しがるものは納得できるものに違いない」と思い込む傾向が人間にはあるからです。

でも、実際には、服が似合うかどうか、自分の趣味に合うかどうかは、人によって違います。売れている服が自分に似合う保証はないし、自分の好みである保証もありません。多くの人が面白かったという映画が、自分が面白いと思う映画とは限りません。多くの人が気に入るメニューが、自分が美味しいと思うメニューかどうかはわかりません。

本来、多くの人が欲しがる服が欲しいのではなく、自分に似合う服が欲しいはずです。多くの人が面白いと思う映画を観たいのではなく、自分が面白いと感じる映画を観たいはずです。多くの人が美味しいと思うメニューを食べたいのではなく、自分が美味しいと思えるメニューを食べたいはずです。

それなのに、「人気」と聞くと気になり、「ヒット中」「ヒット商品」と聞くと気になってしまいます。なぜなのでしょうか。

それは、誰もが自分の判断に自信がないからです。どの服が似合うかがよくわからない。どの映画が自分の心に響くかがよくわからない。初めてのレストランで、どのメニューが自分の口に合うかがわからない。そんなときに「みんなの動向」が気になってくるのです。

そのように明確な基準がないときは、他人との比較、つまり社会的比較によって判断せざるを得ません。つまり、「みんなはどうしてる」を基準に判断することになります。それを同調心理といいます。

そうした同調心理につけ込む説得的コミュニケーションもあるので要注意です。

「これが今一番人気の商品です」

「この機種が最も売れて、品薄状態なんです」

「このシステムは評判がよくて、契約が殺到してるんです」

「これは生産が追いつかないほど人気なんです」

「希望が多いと思いますので、ご希望の場合は早めにご予約ください」

などといった営業トークは、同調心理をさりげなく刺激することを狙ったものといえます。


このように、説得する側であれば、相手の同調心理を刺激するのが有効です。反対に、説得を受ける側に回ったときには、同調心理を刺激されて安易な判断をしないように、同調心理のメカニズムを意識するようにしましょう。

負の枠組みを正の枠組みに変える

交渉事というのは、一方のみが譲歩して、一方のみが満足するというのでは、うまくまとまりません。それはわかっているので、こちらもウィンウィンの関係になるように譲歩案を用意してきたのに、向こうがまったく譲歩してくれないというようなことがあります。いくらこちらがギリギリの線まで譲歩していることを説明して説得を試みても、どうにも納得してもらえません。

そんなとき、向こうの要求とこちらの要求の中間点に落としどころをもっていこうと思って譲歩案を提示したのに、なぜわかってくれないんだと、投げやりな気持ちになりがちです。そこで目を向けたいのが相手の損得勘定の枠組みです。

たとえば、こちらが納入する価格について、こちらは１００万円を提示したのに対して、向こうは80万円にするように要求してきました。それでは利益が出ないので、その事情を説明して90万円の譲歩案を再提示しました。利益を確保するためにはこれ以上の譲歩は難しいのに、向こうはさらなる値下げに固執して交渉が進みません。

なぜ向こうが90万円という譲歩案に難色を示すのかといえば、最初に向こうが要求した80万円と比べて10万円も高いというところに目を向けているからです。そうすると損をするような印象になります。ここで大事なのは、こちらが当初提示した100万円と比べて10万円も安いという点にも目を向けてもらうことです。

難航する交渉事では、双方が損失に目を向けるのではなく利得に目を向けられるようにもっていくことで、合意に達する確率は高まります。

「どれだけ得する」というように利得に目を向け、できるだけ利益を多くしたいといった観点から交渉を行う場合に用いられるのが「正の枠組み」です。

それに対して、「どれだけ損するか」というように損失に目を向け、できるだけ損失を少なくしたいといった観点から交渉を行う場合に用いられるのが「負の枠組み」です。

心理学者ニールとベイザーマンは、労使間の賃上げ交渉を例に挙げて、「正の枠組み」と「負の枠組み」を対比させ、なぜ「負の枠組み」だと交渉が進まず、「正の枠組み」だと交渉がスムーズに進みやすいのかを説明しています。

図6-6のように、組合側は、従業員の時給を現行の10ドルから12ドルへの引き上

図 6-6　負の枠組みから正の枠組みへ

時給10ドルのところ組合が12ドルを要求し11ドルで合意した場合

	負の枠組み		正の枠組み
組合側	「11ドルだと1ドル損する」	→	「11ドルなら1ドルの得になる」
経営側	「11ドルだと1ドル損する」	→	「11ドルなら1ドルの得になる」

（榎本、2014）

げを要求しています。最近のインフレ気味の経済状況では時給12ドルでないとやっていけない、時給10ドルのままだと実質的に減収になる、というのが組合側の言い分です。

一方、経営側は、時給を現行の10ドルから引き上げるのは無理だと抵抗しています。諸々の事情を考慮すると、この時期の賃上げは会社にとって大きなリスクとなる、というのが経営側の言い分です。

両者の主張は真っ向から対立し、交渉が難航しています。妥協点が見いだせないのは、双方が「負の枠組み」をもって交渉に当たっているからです。

現実的な妥協点と考えられるのは、組合側が要求する12ドルと経営側が固執する10ドルのちょうど真ん中の11ドルです。ところが、11ドルに対して、組合側は要求している12ドルと比べると1ドルの損失と感じ、経営側も現行の10ドルと比べて1ドルの損失と感じるため、お互いに譲歩しにくいのです。

このように双方が「負の枠組み」を採用すると、どちらもが11ドルだと1ドルの損失になると受け止めるため、なかなか合意に至ることができません。

そこで大切なのが、「正の枠組み」を採用することです。「正の枠組み」をとれば、11ドルに対して、組合側は現行の10ドルと比べて1ドル得すると感じ、経営側も組合側の要求する12ドルと比べて1ドル得すると感じるため、お互いに譲歩しやすくなります。

ニールとベイザーマンが行った交渉実験では、予想通り、「負の枠組み」をもつ交渉者は譲歩を損失とみなし、なかなか譲歩しないため、合意が困難でした。それに対して、「正の枠組み」をもつ交渉者同士だと、非常にスムーズに交渉が進み、双方ともが納得のいく形で合意することができました。

ゆえに、交渉が難航しているときは、そこに「負の枠組み」が機能している可能性があるので、落としどころに向けて相手を説得したいと思うなら、相手に「正の枠組み」を意識させるような説得の仕方を工夫すべきでしょう。たとえば、こちらの当初の主張からの譲歩分に目を向けてもらえるような説明を意識するのです。

説明責任でヒューリスティックを防ぐ

交渉の場ではちゃんと考えて判断したつもりでも、後になって落ち着いて考えると、「なんであんな契約を結んでしまったのだろう」「どうしてあんな説得に乗ってしまったのだろう」と悔やまれることがあります。そこには、第2章で解説したヒューリスティックな思考が絡んでいることが多いのです。

　ヒューリスティックな思考とは、あらゆる角度からじっくり検討することをせずに、断片的な情報や特定の情報に反応して直感的にすばやく判断するものです。このようにいうと、なぜそんな安易な思考スタイルをとるのだろうと思うかもしれませんが、じつは誰もが日常生活の中でヒューリスティックな思考に陥りがちです。

　たとえば、相手がこちらにとっての同業他社の名前を挙げて、

「A社さんにもB社さんにも、弊社のシステムを採用していただいています」

と売り込んでくると、自社にとってどのようなメリットがあるのかをじっくり検討せずに、「それならウチも採用したほうがいいかな」と思ってしまいます。そして、そのシステムがどのように役に立つのか、費用対効果でどうなのかがよくわからないままに契約してしまったりします。

　商品を店頭で扱ってほしいと営業に来た業者から、

「○○百貨店でも販売させていただいてます」

と言われると、「そうか、あの百貨店でも扱ってるのか」と安心し、商品のカタログをじっくり検討することなしに、「それなら大丈夫だろう」と思ってしまいます。でも、その百貨店の売り場の担当と特別なつながりがあって、一時的に扱ってもらっているだけかもしれません。

生産現場で使う機械を新たに導入しようと思って呼んだ業者から、

「ご予算に余裕がある場合は、こちらの保守契約のほうがよろしいかと思います」

と言われ、実際予算に余裕があると、両方の保守契約の違いをじっくり検討することなしに、「たしかに高い保守契約のほうが何かと安心だろう」と思ってしまいます。でも、契約内容をじっくり検討してみると、その金額の差ほどのメリットが見当たらないということも十分あり得ます。

このようにヒューリスティックな思考に振り回されて失敗するようなことを避けるためには、説明責任を意識するのが効果的です。どうしてそれに決めたのかを説明しなければと思えば、じっくり検討することを省略した安易な判断はできません。「A

社も採用しているからいいと思った」「〇〇百貨店でも扱っているというから大丈夫だと思った」「高い契約のほうが何かと安心だろうと思った」などというのでは、説明責任を果たせません。そのような説明でも納得する上司だとしたら、よほど危うい会社と思わざるを得ません。

説明責任を意識することで、システムなり商品なりのカタログを詳細に検討したり、契約内容をしっかり検討したりせざるを得なくなります。部下の安易なヒューリスティックな思考を防ぎたい場合も、説明責任を意識させることです。

悪意に満ちたディストラクションには要注意

情報が多いほど妥当な判断ができると思っている人が多いかもしれませんが、逆に情報が多すぎるせいで判断力が鈍るということがあります。

先方からあまりに多くの資料を示され、あれこれ説明されているうちに、頭の中で消化不良を起こして、途中から理解しようという気力が失せて上の空になるというような経験はないでしょうか。そのような場合、じっくり検討することなく先方に都合のいいように説得されてしまうということになりがちです。

私たちの認知能力には限界があり、あまりに多くの情報を一気に与えられると処理し切れなくなって、判断力が鈍ってしまうのです。そこにつけ込み、わざと必要以上に大量の情報を提示し、相手の判断力を鈍らせて、自分に有利な方向に話を進めようとする説得的コミュニケーションの手法があるので要注意です。

それが、心理学者ブッシュたちが指摘する「悪意に満ちたディストラクション」です。

それは、本題と関係のないことに注意を向けさせ、認知的負荷をかけることで、騙されないようにとじっくり検討する能力を奪ってしまおうという心理技法です。

たとえば、もう何年も惰性で続いている取引先との契約を見直そうと思い、打ち合わせをすると、

「御社の実情に合わせて検討させていただき、ご契約の見直し案をいくつかご用意してきました」

と言ってそれぞれの契約案ごとに大量の資料を示してきます。それらを見ながら説明を聴いていると、よくわからないことだらけで、頭の中が飽和状態になりボーッとしてきます。これではどの案がいいかなど判断することができないので、またいずれ検討することにしてとりあえず現状維持でいこうということになります。

ありがちな話ですが、じつは先方は今の契約のままにしておきたいために、わざと大量の資料をもってきて、必要のないようなことまで詳細に説明したのかもしれません。そうだとすれば、まさに「悪意に満ちたディストラクション」によって現状維持を決めるように誘導されたことになります。

このように相手にいいように誘導されないためにも、「悪意に満ちたディストラクション」という説得的コミュニケーションの手法があるのだということを覚えておきましょう。そして、交渉の場で、相手があまりに多すぎる書類を示してきたり、余分なことまで詳しく説明してきたりするときは、向こうのペースに乗せられないように注意する必要があります。

たとえ相手に悪意がない場合でも、多すぎる情報は認知的負荷を高めることで判断力を鈍らせます。その結果、じっくり考えて慎重に判断することができなくなります。ゆえに、情報量があまりに多かったり、直接関係のない資料まで持ち出してきたようなときは、「悪意に満ちたディストラクション」のことを思い出し、とくに関係する情報のみに絞って検討するようにしましょう。

スリーパー効果

「この話、だれから聞いたんだっけ？」

「このことはたしか何かで読んだんだけど、何で読んだんだろう？」

などと、話の内容は覚えていても、その情報源を思い出せないというのは、誰もが経験しているのではないでしょうか。

どうも私たちには、話の内容は印象に残っても、情報源は忘れてしまいやすいという性質があるようです。

ダニエルズの著作『アメリカ社会の科学』は好評を博し、『サイエンス』誌にも好意的な書評が掲載されました。ところが、ダニエルズはその後、参考文献に記しただけだった文献から自分が盗用している箇所があることに気づき、『サイエンス』誌にそのことを知らせて謝罪しました。かつて読んだ文献の内容を無意識のうちに覚えており、それを自分の発想と勘違いしていたのです。

情報源についての記憶が薄れていると、思い浮かんだ内容がどこから仕入れられたものなのかがわからず、ときに自分自身の発想と勘違いするということが起こります。盗作疑惑で揉めることがありますが、このような情報源についての記憶の混乱が意図せぬ盗作を引き起こしてしまうのです。

心理学者スキナーは、「これは素晴らしい発想だ！」と我ながら感嘆したのも束の間、それがずっと前に自分がどこかで発表したものだったことに気づき、がっかりすることがあると晩年に述懐しています。じつに間の抜けた話ですが、情報源というのは、それほどまでに混乱しやすいものなのです。

この心理メカニズムが説得に影響することがあります。

心理学者ホヴランドとワイスは、情報源に関する実験を行っています。そこでは、実験参加者を２つのグループに分け、それぞれに同じ説得文を読ませます。その際、一方のグループには、その説得文の出所は権威のある専門誌だと伝えます。つまり、信憑性の高い情報源によるものと信じ込ませます。もう一方のグループには、その説得文の出所は大衆雑誌だと伝えます。つまり、信憑性の低い情報源によるものと信じ込ませます。

そして、説得文がもつ説得効果を比較しました。その結果、信憑性が高い情報源と信じ込まされたグループでは23・０％が説得文の影響を受けていたのに対して、信憑性が低い情報源と信じ込まされたグループでは説得文の影響を受けていたのは6・6％しかいませんでした。信憑性が高い情報源によるものと思うほうが読んだ文章に説得されるというのは、予定通りの結果であり、ごく当然のことといえます。

ところが、4週間後に再び意見を調べたところ、意外な結果になったのです。4週間前に信憑性の高い情報源と信じ込まされたグループでは、説得文の影響を受けている人は23・0％から12・3％にほぼ半減しました。逆に、4週間前に信憑性の低い情報源と信じ込まされたグループでは、説得文の影響を受けている人は6・6％から14・0％へと倍増したのです。その結果、説得文の影響を受けている人の比率に差がなくなってしまいました（図6－7）。

このように、情報源の信憑性による影響は時間の経過とともに薄れることが証明されました。つまり、信憑性が高い情報源と思わされた場合、読んだ直後にはその内容を信じやすいのですが、時間が経つと読んだ直後よりも信じなくなっていました。逆に、信憑性が低い情報源と思わされた場合は、読んだ直後にはその内容をあまり信じ

図 6-7　スリーパー効果（ホブランドとワイスより）

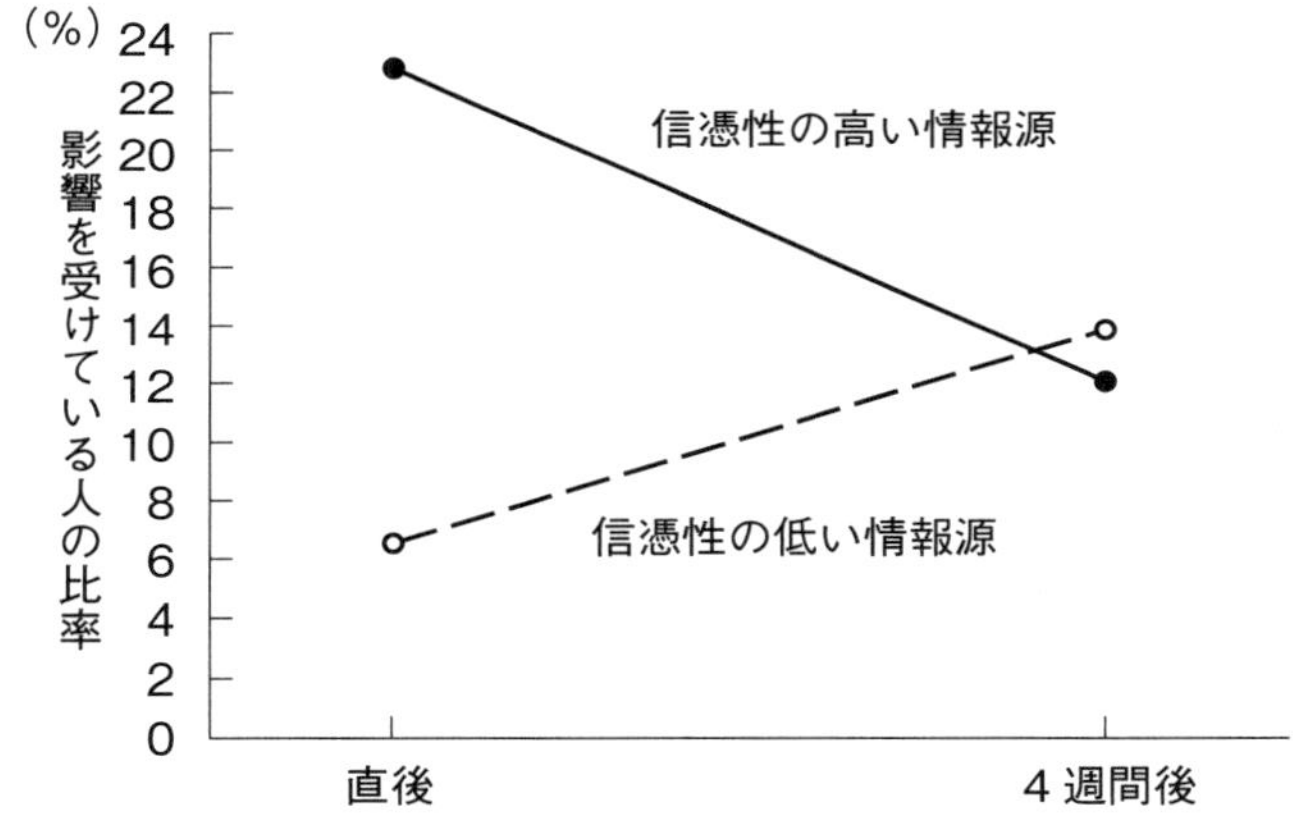

ないのですが、時間が経つと読んだ直後よりは信じるようになっていました。これは、情報源についての記憶が薄れるからと考えられます。

この中の信憑性の低い情報源の場合、まるではじめは眠っていた説得効果が目を覚ますかのように効力をもち始めるため、そこにはスリーパー効果が働いているといえます。つまり、スリーパー効果とは、時間の経過とともに情報源についての記憶が薄れることにより、説得的コミュニケーションが説得効果をもつようになることを指します。

人から説得を受ける場合、たとえば何らかの商品なり企画なりの売り込みを受ける場合、データや推薦記事を見せられ、そのときは出所を見て「なんだ、大衆紙の記事じゃないか、こんなのは信用できないな」「メーカーの広告記事だから、都合のいいことばかり書いてあるんだろう」と思い、真に受けることはありません。ところが、しばらくすると、そうした情報源を忘れてしまい、後日また売り込みを受けたときに、「そういえば、効力があるというデータがあったな」「たしかいろんなメリットを並べてある記事があったな」などと思い、つい説得に乗ってしまうということが起こってきます。

いい加減な情報源を補強材料にもち出す説得的コミュニケーションに攻略されないためにも、スリーパー効果なるものがあるのだということを覚えておきましょう。

著者略歴

○ 榎本　博明　（えのもと　ひろあき）

産業能率大学　兼任講師　・ＭＰ人間科学研究所　代表

心理学博士。1955年東京生まれ。東京大学教育心理学科卒。東芝市場調査課勤務の後、東京都立大学大学院心理学専攻博士課程中退。川村短期大学講師、カリフォルニア大学客員研究員、大阪大学大学院助教授等を経て、現在、ＭＰ人間科学研究所代表。産業能率大学兼任講師。心理学をベースにした企業研修、教育講演等を行っている。

【主要著書】
『「自己」の心理学』（サイエンス社）、『〈私〉の心理学的探求』（有斐閣）、『〈ほんとうの自分〉のつくり方』（講談社現代新書）、『モチベーション・マネジメント』（産業能率大学出版部）、『「上から目線」の構造』、『「やりたい仕事」病』（以上、日経プレミア新書）、『仕事で使える心理学』（日経文庫）などがある。

○ 立花　薫　（たちばな　かおる）　ＭＰ人間科学研究所

医療・福祉業界勤務を経て、大学および研究所で心理学調査研究に携わる。現在、ＭＰ人間科学研究所研究員。

【主要著書】
『論理的に説得する技術』（ソフトバンク・サイエンス・アイ新書）、『「ゆるく生きたい」若者たち』（廣済堂新書）、『人の目を気にして成功する人、失敗する人』（d-Zero）がある。

なぜ人は「説得」されるのか　説得の心理学　〈検印廃止〉

著　者　榎本 博明／立花 薫
発行者　坂本清隆
発行所　産業能率大学出版部
東京都世田谷区等々力 6-39-15　〒158-8630
（電話）03（6432）2536
（FAX）03（6432）2537
（振替口座）00100-2-112912

2015年12月15日　初版1刷発行
2023年1月15日　3刷発行

印刷所・製本所／日経印刷

（落丁・乱丁はお取り替えいたします）　ISBN 978-4-382-05729-6